《第一财经》杂志 著

商业就是这样

不可不知的商业常识

ZHEJIANG UNIVERSITY PRESS
浙江大学出版社
·杭州·

图书在版编目（CIP）数据

商业就是这样：不可不知的商业常识 / 《第一财经》杂志著. -- 杭州：浙江大学出版社，2024.6
ISBN 978-7-308-24745-0

Ⅰ．①商… Ⅱ．①第… Ⅲ．①商业经营－基本知识 Ⅳ．①F713

中国国家版本馆CIP数据核字(2024)第057234号

商业就是这样：不可不知的商业常识
《第一财经》杂志　著

策划编辑	杭州蓝狮子文化创意股份有限公司
责任编辑	黄兆宁
责任校对	朱卓娜
封面设计	王梦珂
出版发行	浙江大学出版社
	（杭州市天目山路148号　邮政编码　310007）
	（网址：http://www.zjupress.com）
排　　版	杭州林智广告有限公司
印　　刷	杭州钱江彩色印务有限公司
开　　本	880mm×1230mm　1/32
印　　张	7.25
字　　数	148千
版 印 次	2024年6月第1版　2024年6月第1次印刷
书　　号	ISBN 978-7-308-24745-0
定　　价	58.00元

版权所有　侵权必究　印装差错　负责调换

浙江大学出版社市场运营中心联系方式：0571-88925591；http://zjdxcbs.tmall.com

序 言

"商业就是这样"诞生于 2011 年前后。最早,它是《第一财经周刊》的一个特殊专栏,没有固定作者,只由几名编辑、记者轮流执笔,评述当周的一个商业事件。专栏所关注的话题可能是热门的,可能是重要的,可能是有趣的,也可能是令人费解的……选题广泛,切入的角度巧妙,同时写作风格轻快锐利,因此迅速拥有了一群忠实读者。读者们喜欢这个专栏,尤其喜欢每篇文章末尾那句标签式的"商业就是这样"。此后几年,它都是《第一财经周刊》最受欢迎的栏目之一。

按今日流行的说法,"商业就是这样"成了一个内容 IP。

不过,这个 IP 在 2019 年由周刊改版为月刊——《第一财经》*Yimagazine* 之后,从杂志上消失了。一方面,月刊有全新的栏目结构和编辑逻辑;另一方面,一月一次的出版节奏和内容定位似乎也很难再适配周刊时代轻快的评论文章。

但其实不仅读者,在编辑部内部,大家都很喜欢"商业就是这样"的形式和风格。所以 2020 年末,当团队决定做一档播客节目时,"商业就是这样"几乎是所有人第一时间的第一选择。聪明的、轻快的、准确的、有信息增量的……我们给这档周更节目列出这样一些宗旨，希望每次用30分钟左右的时长，为听众提供商业新知。

某种意义上，你可以将之理解成我们把那个"明星专栏"音频化了。二者的确在许多层面有相似之处，比如选题的角度、展开的方式、语言的风格，以及那句"商业就是这样"——现在它固定出现在每期节目的结尾，并且再一次迅速成为极具辨识度的标签，广受喜爱。

我们的两位主播——肖文杰和约小亚，此前都是优秀的商业记者。每期节目录制之前，他们会准备详细的逐字稿。30分钟时长，对应着至少6000字的文稿，这是文字记者的笨办法，不过在客观上保证了节目的信息含量和信息质量，生涩的"棒读感"在节目早期曾是听友评论区的一个调侃梗，现在随着录制经验的积累这种感觉也在逐渐改善。

不过，或许正是得益于这个笨办法，"商业就是这样"在2021年上线当年便从当时主流的脱口秀对谈形式中脱颖而出，以专业感和信息量大为优势，迅速获得广泛关注。上线3年后，截至2023年底，这档节目在全网收获近80万订阅量，期均播放量超过10万，完播率超过70%，获评小宇宙2022年和2023年年度热门播客、苹果播客2022年年度精选播客、喜马拉雅2023年年度百大播客等多个行业奖项。

现在，节目精选内容将以文字形式再次和大家见面，并增添更多分析透彻、贴近时事的精彩内容。在此要特别感谢蓝狮子图书的支持。音频内容原本是一个商业报道团队在媒体变革年代的新尝试，我们乐见它仍能有机会还原为文字，并触达更广泛的受众。

无论以何种方式，好内容终会证明它的价值。商业就是这样。

目录

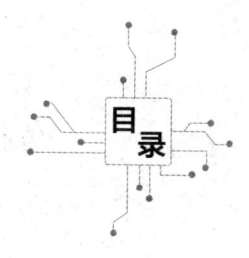

01 生活常识篇：息息相关的商业

机票价格为什么变化多端 / 3
谁来决定奶茶里喝到的小料 / 14
免税店的秘密 / 23
高贵的蛋 / 36
主题乐园是不是好生意 / 46
自动驾驶被过度营销了吗 / 59
被嫌弃的吸管的一生 / 67
办奥运到底赚不赚钱 / 79
学外语和验证码有什么关系 / 89
快递不是好生意，但顺丰还是家好公司 / 99
iPhone 的隐私保护功能真管用吗 / 109
刘擎、罗翔们是如何一步步变成明星的 / 117

02　商业原理篇：真面目挖掘

当今最重要的基础设施，在海底　/ 127

劣币真能驱逐良币吗　/ 141

贩卖商业模式的商业模式　/ 156

"毒丸计划"有多毒　/ 169

苹果是怎么变成供应链大师的　/ 180

挤进苹果供应链有多难　/ 188

企业家纷纷卸任 CEO，这个职位不香了吗　/ 199

大数据选址，玄学还是科学　/ 210

为什么全球有钱人都在忙着开"空白支票"　/ 218

01

生活常识篇：息息相关的商业

机票价格为什么变化多端

在春运这个中国每年最重要的周期性"大迁徙"中,售罄的火车票和高价的飞机票,一直是社会热点话题。买不到与价格贵,其实也正对应了经济学中两个最基本的问题:资源稀缺与价格调节。

相比火车票,飞机票实际上是个异常复杂的商品。比如,中国国际航空公司将其飞机舱位划分为 23 档,几乎用完了英文字母表中的全部字母。每一档舱位,都有与之对应的价格与折扣、退改签费用、可累积里程、升舱等服务要求。即使都是经济舱,一架飞机上的乘客也可能拼凑出上百个略有差异的价格。

航空公司逐利,是造成这个现象的主要原因——航空服务的刚性成本占比很高,如果不能保证收入,利润就无从谈起。而增收增利,就要利用经济学和运筹学知识,彻底优化机票的价格体系、增值服务体系、上座率等一系列指标,以实现每一张机票、每一次航班都能够赢利的目标。

在日常消费场景中,消费者通常面对的,都是"明码实价"的固定价格商品,以及电商促销期间需要经过层层计算的到手价,而飞机票价格波动背后的"黑盒"策略,着实容易引起消费者的误会。

花样繁多的机票价格背后,到底有哪些概念、考量和小心机,这些有意思的话题,值得我们洞察和探索。

机票价格中的两种"价格歧视"

同一个舱位的机票,为什么价格不统一?其中有一个比较重要的因素,同时也是一个经济学中的重要概念——"价格歧视"(price discrimination)。

这个名字可能有些误导性,让大家自然认为这是个很负面的、偏剥削的概念。其实,换个听起来中性一点的说法就是"差异化定价"。它的意思是同一种商品,卖方对于不同消费者会收取不同价格,目的是让自身收入最大化。

我们也许习惯了市场上众多品牌的统一定价,但其实这个市场上的大多数商品都采用了差异化定价的策略。最常见的例子是当不同年龄的消费者去菜场买菜,年轻人相对来说不会过度纠结于商户给定的价格,而老一辈似乎更加深谙砍价之道。

而按照细分策略的差异,价格歧视又可以大致分成3种:一级价格歧视、二级价格歧视和三级价格歧视。这里的"级",并不是指三级就一定比一级更"歧视"消费者,只是采取的策略有所不同。

"一级价格歧视"可以简单概括为"看人定价",即不同的消费者为相同的商品或服务所愿意支付的最高价格是不同的。而在机票价格的设计中,总体上应用更为普遍的其实是二级和三级。

首先解释"三级价格歧视",它又叫"市场区隔",是最为直观的一种价格歧视。在机票定价领域,航空公司一般会根据出行时间、飞行速度、旅客提前订票时间、是常旅客还是会员、是成人还是婴儿、是团客还是散客等因素,将机票设置成不同的价格。假设一架航班有200张机票的总供应,航空公司先把它们分布在很多细分的格子里,每个格子都标有一个不重复的价格,满足对应情况的消费者就会被限制在规定的格子里购买机票。

除了市场区隔,消费者也会面临"二级价格歧视"。假设一个消费者购买机票时可以从两个不同的价格中做出选择:价格一,无法托运行李;价格二,可以托运行李。倘若消费者需要携带约20公斤重的行李箱,此时即便航空公司提供了选择的自由,该消费者通常也只能选择价格二。这就是所谓的二级价格歧视,即提供一组不同特性的产品,消费者可以自行选择购买。

目前国内教科书对于二级价格歧视的解释,往往是落在数量差异上,比如买1件原价、买2件打8折,这确实也是二级歧视中最常见的一种方案。不过总体来说,二级价格歧视和三级价格歧视的核心差异可能为:使用二级价格歧视的商家会制定不同档位的价格,让消费者自由选择;使用三级价格歧视的商家直接把消费者匹配进了档位内,消费者并没有跳出档位选择的自由。

假设一个更为具象的场景:非航空公司会员在购买机票的时候,航空公司给出了会员价和非会员价两档,并告知会员价便宜50元。若是消费者选择价格降低50元而交换了个人信息,那么航空公司便是通过应用二级歧视损失了 50 元，但是增加了一名会员；之后航空公司更改了要求，要求消费者必须先登录才能在官网上订票，这样航空公司便得知了会员的相关信息，并直接给定一个价格。消费者此时想用其他渠道进行比价，但因为用户实名制，信息在后台都是打通的，便发现其他渠道的价格并没有更便宜，最后只好回到官网付了钱，航空公司在这一过程中就实现了三级歧视。这种飞机票的票价差异，就是二级和三级价格歧视的混合应用。

总的来说，二级价格歧视的策略核心，在于能否依据前期洞察，设计出足够合理的价格体系，让消费者"愿者上钩"；而三级价格歧视的重心，则是能否通过合理的策略，尽可能防止高价值的消费者买到低价票。

超低价机票的秘密：拆包运价与精细化运营

除了概念上较为"花哨"的价格歧视，复杂的机票价格还与其他策略有关：品牌运价和拆包运价。

"品牌运价"，其实就是大航空公司的传统服务策略，比如可以托运行李、飞机上有餐食、可以免费或者低价退改签等。而"拆包运价"，就是把除了飞机座位之外的其他所有服务拆分出去售卖。这种定价策略通常被廉价航空公司广泛使用。

如果说价格歧视是一种基于需求洞察设计的差异化定价，那么拆包运价就是一种基于服务组合设计的差异化定价。

既然是拆包，整个票价的组成结构就可以变得更灵活，收费项目可以包括保险、退改签费用、超重或额外行李、餐食饮料、贵宾休息室、优先安检和登机、机上 Wi-Fi 娱乐等。另外，传统航空公司一般对于经济舱的不同位置，比如靠窗位、靠走道位，以及经济舱的头排和紧急出口排，在价格上不太会作区分，而廉价航空就可以大大方方地出售"腿部空间"。廉价航空的折扣率有时候可以很低，甚至做到一张机票只要 9 元。

超低价机票是个不可替代的卖点，但它附带的限制条件也很多。首先，各类服务基本不具备，因为都拆包分出去了；其次，航线和时间一般也欠佳。航线欠佳，主要指方向不好。超低价机票经常出现在热门流动方向的反方向，在民航业界，会把这种航班称为"单向航班"。

然而飞机的路线是相对固定的，返程不赚钱也必须要飞，因为需要赚取第二天去程的票价。所以单向航班的返程会比较容易出现高折扣机票，甚至超低价。航空公司希望用这种方法先保住一部分上座率。如果低价票销售情况良好，航空公司也会马上调整价格，转为保证整趟航程的收入水平。

而廉价航空公司为了追求利润空间，在成本控制方面也掌握了一些独到的方法，大致可以概括为：两单、两高、两低。

"两单"指的是单一机型和单一舱位。廉航的机队以一种机型为主，不仅降低了采购和租赁成本，在培训和维修上也可以集中精力只熟悉一种机型；而单一的经济舱布局，可以让机内多出

15%～20% 的座位数。

"两高"是指高客座率与飞机高日利用率。比如春秋航空，可以做到连续 5 年保持客座率在 92% 以上，疫情期间虽然有下降，但仍高于行业平均水平。春秋在册飞机的日均利用时间为 11 个小时左右，而业内平均时间是 9 小时。而它早 8 点和晚 10 点后的航班占比也显著高于同行。

最后，"两低"是指低销售费用和低管理费用。很多廉航公司都以网站直销为主要销售渠道，不走分销体系，因此节省了很多佣金和外部的系统使用费。低管理费用得益于公司业务和财务 ERP（Enterprise Resource Planning，企业资源计划）一体化，有效降低了人力成本和日常费用。

这些策略与票价的联系表面看似不大，但掌握了航空公司使用的基本的成本节约方式，也就能了解廉航在去掉许多服务之后，是如何进一步压低机票本体的价格的。

买机票时"越搜越贵"，是被"大数据杀熟"了

一个广为流传说法是，在携程这种 OTA（online travel agency，在线旅行社）网站上买票，会出现搜索时便宜，付款时变贵，或者越搜越贵的情况。有些消费者认为自己是被"大数据杀熟"了。

其实，这种 OTA 网站上的价格变化，相比机票本身的定价策略要再复杂一层，因为它涉及了分销体系。

机票价格的制定权和折扣率固然掌握在航空公司手中，但什么时候放出什么折扣率的票，也要根据市场需求调节。打个比方，A 航空公司一条黄金周的热门航线，定价最低的舱位是售价 6 折的机票；如果这个 6 折机票在网站上被查询和点击的次数较少，大家搜索之后普遍买了 B 航空公司的同类航线，那 A 司就会考虑放出更低价的机票，比如 4 折左右，来吸引客流。

这种动态调整，需要 OTA 和航空公司之间保持比较紧密的配合，使得前后台数据能够联动起来。但 OTA 和航空公司之间，还有一个 GDS（Global Distribution System，全球分销系统）。航空公司要把新价格更新到 GDS 里，OTA 要去 GDS 上读取新的价格，这中间就可能会产生时间差。

所以搜索时便宜、付款时变贵，可能就是因为在消费者考虑的这段时间里，GDS 系统中这张票的价格上涨了。

票价越搜索越贵也是一样的道理。同一时间段有多个消费者进行搜索，这期间机票也在持续不断地被售出，航空公司自然会快速调节价格。消费者觉得自己是被"杀熟"了，实际上是因为供给本身变少了。

事实上，航空公司也不是一定要通过 GDS 这种系统来售卖机票的。前文提到了廉航公司普遍愿意自建销售系统，目的之一就是绕开 GDS。因为不管是 OTA 还是航空公司，每使用一次 GDS，都是要支付费用的。但对于消费者来说，航空公司网站和 OTA 的搜索结果背后，到底采用了哪种模式，本身还是个黑盒。

这里也就涉及了所谓"大数据杀熟",或者说价格欺诈的法律保护难点,因为这是个很难证明也很难证伪的事情。

首先,对于价格稳定的商品来说,是否有价格欺诈是比较容易辨识的,但对于价格体系灵活的商品来说,这一点就很难界定;其次,由GDS所导致的价格波动,很难判定其是一种欺诈;最后,大数据是很难长期"杀熟"的,因为"杀熟"行为暴露后,不但很难留住消费者,而且会引来新的竞争者,甚至接受法律的制裁。最后,长期来看,价格体系还是会回到正常水平。但消费者更在意的是眼下的公平、每一次的公平,这就要求立法跟上技术发展的水平。这显然是存在困难的。

所以关于航空公司有没有"杀熟",本文并非旨在提供一个是或否的明确的结论,而是提供一些理解这个问题的角度。

场面尴尬的机票超售,也能帮航空公司赚钱

消费者购买机票的时候,还有可能遇到一种特别的情况——超售。比如,假设一架飞机上有200个座位,而航空公司却卖出去了210张票。

尽管偶尔可以看到关于超售引起乘客与航空公司矛盾的新闻,但航空公司这么做,还是体现出了一些数据统计方面的能力——它能够比较准确地预测出一个航班会有多少比例的乘客误机或临时取消。

由于每个航空公司内部都有一套数学模型，根据航线、时间、机上成员构成等因素，公司将预估出大概会有多少乘客误机，所以超售一般不会被发现。一些因为超售而支付补偿款、代金券的情况，其实相对罕见。并且，在整架航班满员按时起飞所带来的收入面前，本身就在成本模型里的补偿对于航空公司来说也不算什么。

但其实航空公司还是想把这部分补偿尽量压低，所以在超售出问题的现场一般会采用类似竞拍的模式，补偿可能先是送代金券、积分，然后再是现金，成本由低到高。愿意接受价格的人，基本都获得了自己心目中"差不多得了"的收益水平，而对于航空公司来说，这是能让消费者放弃座位所支付的最低成本。

和整班飞机超售相比，另一种更常见的情况是：只有经济舱部分超售了，这时候部分乘客就会获得免费升舱的机会。相比真正的超售，这种情况下机组成员更具有主动权。而且商务舱、头等舱临时加一位乘客，最多损失一份飞机餐的钱。甚至，选择谁获得免费升舱的机会也有一些讲究。比如高等级的会员、买了全价经济舱机票的旅客、比较晚到的旅客，被升舱的概率都会大一点。航空公司会希望用免费升舱，既解决超售的问题，又培养消费者的忠诚度。

为什么火车票的价格体系相对简单

最后，再对比一下火车票价格，同样是有限运力下运人，为什么火车票的价格体系和销售策略不像飞机票这么复杂？

一张从北京到上海的高铁二等座车票,售价553元。京沪高铁长1318公里,平均每公里票价只要约0.4元。据世界银行的统计,这一票价相当于多数其他国家高铁基础票价的四分之一。

和其他国家的高铁不同,中国的铁路客运有两个基本特点:一是国家垄断地开发建设和资源调配,二是长期坚持公益性运输。所以在很长一段时间里,我国普通旅客列车的价格是非常稳定的低价。高投入、低收入,在经济层面显然是"得不偿失"的,日积月累,截至2023年2月,铁路总公司的负债水平已超过6万亿元。

低价是一种政策红利,但它没法解决春运这种刚需问题。稀缺的供给、过多的需求,其实通过价格工具来调节还更有效一点,比如"黄牛票"。

其实在21世纪初,国家有过6次春运期间给火车票涨价的尝试,一般是硬座涨价15%、卧铺涨价20%。但同期的春运数据显示,这样的涨幅根本没有造成铁路客运总量的下降。这说明,春运实在是刚需中的刚需,在大幅偏离成本的低价上,进行这种幅度的涨价,还是在消费者的承受范围之内的。

而人们对于飞机票价格变动如此敏感,或许就是因为它的原价并不在普通大众的日常承受范围内。

2013年铁道部公司化改制后,关于运价的日常化改革就一直是社会焦点,当然也是难点。最早是从货运价格改起,2016年,开始小幅放开动车组客运价格的浮动空间,上下各10%。从动车组改起,其实也是向航空公司看齐,因为在很多热门线路上,飞机和动车有直接竞争关系，价格水平差距也不大。

客运价格的调整加速，实际上还是从京沪高铁公司上市之后开始的。2020年底，京沪高铁正式引入浮动票价机制，希望通过价格引导来平衡客流，平衡车辆运输能力，提升运输效率。另外，铁路总公司对于独立运营的区域线路，以及引入民营资本合资建设的线路，也会适当放开定价权。

也就是说，我们不一定会看到和飞机票一样贵的火车票，但有可能在未来看到与飞机票一样票价灵活、销售手段多样的火车票。

中国人民大学经济学院教授聂辉华写过一篇文章——《高铁实行价格歧视是市场化的必由之路》。他认为，市场经济在本质上就是一种歧视经济。但要在追求商业利润和保障民生两者之间实现合理的平衡，显然对市场提出了更高的要求。

综上所述，针对不断浮动的机票价格，重要的是身为消费者的普通大众能够意识到在市场经济中，像飞机票、火车票这样的商品价格是如何被设计出来的，其背后又有哪些考量。这些知识，或许也有助于消费者做出更好的消费决策。毕竟只有在精明的市场中，才会诞生更加聪明的消费者。

谁来决定奶茶里喝到的小料

奶茶是目前中国现制饮品中规模最大、竞争最激烈的品类之一。从最早的珍珠粉圆，到如今的"半杯都是料"，小料对奶茶起到的加成作用越来越大，其自身也借助食品工业的发展，变得越来越复杂。行业报告显示，在2021年头部茶饮品牌的新品中，就用到了超过150种小料，供应链企业能实现的玩法则更多。所以小料虽小，潜在的行业规模却很庞大。

小料和奶茶的不断变化，也是在街边就能充分感受到的竞争和创新。如果将奶茶不仅仅看作一种消遣的小饮品，而是作为一门实实在在的大生意，那它的复杂程度和革新速度，可能会震撼到每一位消费者。

其实从2020年开始，各种质地、口感的小料就成为奶茶创新中一个非常重要的方向，行业里甚至还能以小料为核心，反向开发出全新的产品、全新的品牌。而小料大多也是标准化的工业制品，"添加何种小料"看似是消费者的个性化选择，其实背后几乎都具备完善的供应链，需要很强的研发生产能力来支撑。在这一点上小料有点接近于调味品，比如海天的酱油、恒顺的醋、涪陵的榨菜，以及日本的味之素、龟甲万等。所以小料虽小,但市场前景还是十分广阔的。

本文会从4个方面来介绍小料。首先,从被加到奶茶里的"珍珠"开始,小料家族的规模是怎么越变越大、内容越变越复杂的;其次,概念、口感特别新奇的颗粒,都是怎么研发出来的;再次,品牌是如何把小料从添头变成一种价格工具的;最后,提供一个展望,即小料还能有什么想象空间。

从珍珠到"三兄弟",小料的尽头是分子料理

关于奶茶小料的进化过程,大致可以分成4个版本。

1.0版本就是最经典的"珍珠"。在2000年左右,市面上最先流行起来的饮料其实是泡沫红茶。其口感清凉香甜,表面浮现一层大小不一的泡沫,一般售价在几元一杯。那时市面上也有像仙踪林这样以泡沫红茶为主打产品的餐厅,其十分受年轻消费者的欢迎,是上岛咖啡的重要竞争对手。

但很快,珍珠奶茶就变成了市场上的绝对主力。相比泡沫红茶,珍珠奶茶一方面兑入了牛奶,其实那时候用得更多的是植脂末;另一方面掺杂了颗粒饱满的"珍珠",在"喝"饮料的过程之外又增加了一个"嚼"的过程,让饮料本身自带亮点。

珍珠奶茶一经面世,大家就发现可以仿照其走红的思路将红茶彻底改造,所以很快就进入了小料的2.0时代,包括布丁、仙草、芋

圆、椰果这些如今比较常见的小料，在那时才开始成为奶茶中的常见搭配。其中最具有代表性的产品，就是 CoCo 都可的"奶茶三兄弟"。

"三兄弟"比较有价值的卖点，便是通过添加多种小料，进一步丰富了吮吸的口感和层次感。试想一下，顾客每吸入一口，得到的小料种类、比例都是不同的，这就说明每一口的体验都是独特的。但这也存在着一个问题，即奶茶本身的重要性反而降低了，另外过多的搭配也会导致当液体部分都喝完了，还会剩很多小料在底部的现象。针对这个问题的解决方法就把我们带到了小料的 3.0 阶段，即所谓的"顶料"出现了。

相对于"珍珠"、布丁这种容易沉在杯底的底料而言，顶料一般位于奶茶顶部。要把小料托起来，就需要更结实的奶油顶。茶颜悦色的产品里就少见底料，通常是碧根果碎、开心果碎这样的顶料。咖啡品牌里也有类似的做法，比如挪瓦咖啡的果味咖啡，也会在奶油顶上加冻干果粒。

当然，3.0 阶段对于小料行业而言，更类似一个插曲，因为使用顶料的品牌并不占多数，出圈的只有茶颜悦色。更多的品牌还是在改良相对传统的小料，比如把珍珠的黑糖味加重，或者探索像青稞这类小众一点的谷物小料。

茶饮行业真正进入 4.0 阶段，是在两种全新的产品出现之后。

一种叫"寒天晶球"，主要用的是海藻胶。如果说"珍珠"的特点是"耐嚼"，那它的特点就是"脆"，而且和水果茶清爽的口感也比较搭。2018 年，喜茶就正式将寒天晶球引入小料序列中，还根据口感起了个名字叫"脆波波"，从此它就成为喜茶饮品中最重要的小料之一。

另一种新产品叫"爆爆珠"，原料也是海藻胶，只不过处理方法上比较高级，是通过海藻酸钠和钙离子的反应，在液体表面形成一层包裹的凝胶，内部可以是果汁、果粒。实际上，现在爆爆珠中用到的晶球化处理方法，在分子料理中也非常常见。

这两款新产品本身的拓展性确实十分强大，所以近几年流行小料还能再嫁接一些新的食品健康概念，比如胶原蛋白、玻尿酸、益生菌……都可以作为小料里的卖点。除此之外，另一种思路是利用现有技术研发一些更拟真的小料，比如长得更像石榴籽的石榴味晶球，这就更加靠近分子料理了。

新奇小料对于奶茶界"内卷"亦有贡献

随着小料的工艺越来越复杂，奶茶品牌们围绕小料的竞争已经脱离创意战的层面，变成技术战了。

早期的小料像珍珠、布丁，很多还可以靠人工手作，但一旦门店规模变大就很难维持手作了。当然，"手作"本身也可以是一个卖点。比如受消费者欢迎的广西奶茶品牌阿嬷手作，卖点就是古早味和门店人工现制。

显而易见的是，手作的效率很难做到很高，而且果茶变成奶茶行业的主流之后，门店里光是配果肉、暴打柠檬这些必备的步骤，店员就已经分身乏术，更不用说现制小料了。所以现在行业的主流趋势是，小料尽量交给大的供应商来做，甚至直接请他们来开发各种新概念的小料，这样品质稳定，效率也更高。

关于品质稳定这一点，可以举个例子：早先供应商交给门店的"珍珠"都是半成品，要在店里再煮一下才可以使用。但是煮好的珍珠只能存放4个小时，超过时间，理论上便不再使用。而且"珍珠"还不是刚煮完的时候最好吃，是煮完之后的第二个小时口感最好——门店在业务繁忙的时候，是很难顾及这些的。

所以预制小料在解决品质问题的同时，也是在解决效率问题。而效率问题还有另一层意思，就是整个品牌研发新品的效率。

奶茶行业的"卷"，可不是说说而已。行业媒体咖门发布的《2022年中国饮品行业产品报告》覆盖了市面上50个茶饮品牌的情况。报告显示，20个头部茶饮品牌在2021年总共推出了930个新品，平均每天2.55个；而2020年的新品是575个，增长率接近61.7%。[1]

当然，奶茶店所谓的新品，有时候只是换个配料辅料，比如把牛奶换成水牛奶、去掉奶盖，也能摇身一变成为新品。另一种微创新方法，就是换小料。还是咖门的这份报告，里面提到所有新品中，有超过64%是添加小料的，而用到的各类小料超过了150种。虽然不一定都是创新小料，但肯定有一部分是带有"新花样"的。

这里就涉及一个研发的问题：品牌方和供应商，到底是由谁来

---

[1] 咖门. 2022年中国饮品行业产品报告[EB/OL].（2022-01-25）[2022-07-14]. https://mp.weixin.qq.com/s/PrXmek6lKsmG9NeLfwZ-vg.

主导一款小料的研制的？

通常，是品牌方提出想法，供应商提供有可行性的创意。当然，品牌方需要具有可行性的概念，要确定好新品的口感基调，倘若新品是奶茶，就更适合添加淀粉类颗粒，比如"珍珠"、芋头；如果新品是果茶，就比较适合添加脆波波、果粒。每一个饮品在不同温度、酸度、糖度下，与什么样的小料量和组合搭配更契合，也需要测试。

小料的研发还要考虑其他维度。以石榴马蹄粉圆这种小料为例，首先其在视觉上满足了新、奇、特的冲击感，而将新、奇、特落地仍需要技术的配合，比如是否能把胶体部分非常均匀地裹到马蹄芯上，煮过之后可以保持多久的口感，等等，这些环节都需要进行调节。

不过，虽然技术环节有很多可以复用的方法论，但更关键的还是研发之前的环节：消费者到底青睐什么样的口感，品牌热衷做什么样的新品，市场又能够供应什么新奇原料。总之，为了创新，奶茶行业可谓拼尽全力。

一两元的小料，是心理战也是价格战

没有供应商就没有繁荣的小料选择。那么为什么会有这么多小料？它对于饮品品牌来说到底有没有作用？

消费者已经习惯了为每一份小料都支付一定的价格，这等于，小料凭一己之力就能把品牌的客单价提高。原先的纯奶茶，一杯只要 6～8 元，但是加完料就可以上升到十几元。

这其实就是所谓的"价格锚点"。

理论上顾客都是以菜单上最主推，或者最便宜的那个产品定价为基准，然后对比着掂量价格是不是合算。小料的加价幅度不高，又有明确的效用，是能让消费者心甘情愿在价格锚点之上多付钱的一个有效手段。

而这个价格锚点还有一些其他的用法。假设早年一杯"奶茶三兄弟"的售价为10元，里面包含了3种小料，其中每种小料1元；如今每种小料涨到2元，整杯奶茶的售价会升到13元。而喜好"奶茶三兄弟"的顾客可能还是会购买涨价后的奶茶，因为从10元到13元的浮动，虽然明显但尚可接受。

消费者不深究的话，也不太会把涨价这件事归到小料的头上，因为顾客在认知产品的时候，已经把"三兄弟"这个组合作为一个整体了。只有在单独多加一份小料的时候，才会发现，原来小料从1元涨到2元实际上是一个100%的涨幅。

这个方法还可以继续反向应用。2022年喜茶的会员服务升级，其中有一项就是"周二加料自由"——每周二点单可以免费多加一款小料或者果肉到饮料里。喜茶如今的小料选择很多，大多数是1~2元，但加双份果肉、芝士或者雪糕就要4~5元。品牌给顾客免了这一笔小钱，便使得消费者产生和正价购买完全不同的感觉，"划算"两个字立刻涌上心头，这就是低于价格锚点的感受。

市面上也有跟"奶茶便当"做法相反的，例如海底捞在武汉、南京等部分城市推过的9.9元自助奶茶：茶底4选1；6种底料随便加，加满杯都行；顶上可以覆盖奶盖和奶油，抹茶粉、黄豆粉、奥利奥、花生碎也是任意添加。总之，小料算是奶茶行业利用锚点效应找到的一个比较有效的价格调节工具，用比较低的成本和比较简单的手段，就能产生预期的效果；消费者也愿意尝试，因为无论如何还是拿到了比纯奶茶更丰富的产品。

除了奶茶杯，小料还能出现在哪里

主打口感新奇的小料，从研发阶段起步，逐渐形成了一定的规模，成为一种备受品牌倚仗的价格工具。最后简单展望一下，小料行业未来还能有多大的发展空间。

首先是广义层面的"健康"，即更多使用海藻胶、魔芋粉这类无糖产品。还有一个趋势就是在小料当中注入概念，或者是推出料中加料的复合小料，比如胶原脆波波之类。当然如果有更多类似石榴马蹄丸子这样的新奇小料出现，也意味着技术的进一步升级。

供应端的公司其实也希望小料这个产品不要完全局限在奶茶行业中，而是继续拓展出去，比如奶油顶加冻干果粒的咖啡，星巴克也出过这类产品，再比如将小料加入酸奶、冰淇淋产品中，喜茶之前的棒冰里就添加过黑糖珍珠。

除此之外，还存在一个值得关注的势头，小料的研发或许会像奶茶品牌追求冷门水果一样，从马蹄开始不断开发各种各样的小众口味。比如2021年冬天，不少品牌推出了很多谷物和坚果类小料，类似板栗、山药、南瓜、松子、银耳等，总之都是围绕"大养生"的概念。另外也有一些往奶茶里加豆腐、酒酿、冰粉、甜醅子、石花膏之类的国风尝试。

最后比较明显的方向，就是品质升级。你用普通芋泥，我就用荔浦芋头；你用南瓜，我可以升级成贝贝南瓜。但这也涉及一个消费者能否品尝得出来的问题，毕竟小料的用量不会太多，很难靠一口小料就产生"小当家"般的效果。

因此，小料还是一个想象空间很大的市场，但我们也应该正视一个事实，就是它在一杯奶茶里很难成为真正的主角。供应商再厉害，在产业链上的品牌效应和利润率也不太会像终端品牌那么耀眼。能推动奶茶行业不断进步、拿出各种各样解决方案的，归根结底是消费者的需求和充分的市场竞争。

小料虽小，但置身于商业世界里就不能小看任何一个充分竞争的市场方向和市场上出现的任何微小创新。想要观察行业趋势是如何变化的，有时候只要走上街头、仔细感受，就是一个很好的开始。

免税店的秘密

在正常情况下,免税店是非常惹人羡慕的生意。商业报道里经常出现"护城河"这个词,指的是某个公司拥有决定性的竞争优势。但其实,大多数公司的"护城河"都经不起考验,真正称得上"护城河"的,要么是有特殊的品牌地位,比如法拉利、爱马仕这样的奢侈品,要么就是一些很实在的资源,比如矿产、牌照。而免税店就有这样的资源,在许多地方,免税店都需要有牌照或者特许经营权才能开业,而这种牌照资源其实很稀缺。

所谓的"牌照",其实就是基于税收政策的一种经营资格,允许以相对较低的价格向跨境旅客销售商品。之所以有"相对较低的价格",是因为消费者不必缴纳关税、消费税、增值税等税费。那么免税价和市价之间的价格差,就是牌照的核心优势。

过去几年,随着中国出境游的普及,越来越多的人也开始熟悉免税店这种消费模式了。全球的免税经营规模也处于增长阶段,而且增长速度很快。2019 年,全球免税销售额达到历史最高的 818 亿美元。[1]

但疫情之后，免税店一下子跌入冰点。2020 年，全球免税销售额直接暴跌到 286 亿美元，2021 年恢复到了 596.5 亿美元。[2] 但中免集团［中国免税品（集团）有限责任公司，以下简称中免］在其中是一个特例。它在重重阻碍中逆势上涨，一举成为全球最大的免税零售商。要想探索免税店究竟是一门怎样的生意，就需要从中免的发展史中窥探免税业务的特殊性质，从而理解免税店和机场的关系，掌握免税生意由何而来。

迅速扩张的中免"市场蛋糕"

中免的发展史其实非常简单，用一句话概括就是：借助政策的扩张史。1984 年，中免成立。2004 年，它和中国国际旅行社总社合并成为国旅集团。之后的很长一段时间里，国旅集团的主要业务都是旅游，免税只占小部分。

从 2017 年起，中免开始密集并购国内同行。2017 年和 2018 年分别拿下了日上免税行北京和上海 51% 的股份，2020 年，又把海南免税 51% 的股份买下来了。需要说明一下，这里的海南免税主要是

1　前瞻网. 外媒：泰国或关闭所有机场到达区免税店，刺激国内消费【附全球免税业销售市场分析】[EB/OL].（2023-12-19）[2023-12-21]. https://t.qianzhan.com/caijing/detail/231219-6f3e45a6.html.
2　中国旅游集团. 旅游零售市场最新趋势分析[EB/OL].（2022-08-24）[2023-12-21]. https://www.ctg.cn/article/16188.

在海口的业务，三亚的免税店本身就是中免的。

这个时候，原本的上市公司国旅集团的业务构成已经颠倒，免税成了绝对的大头，之后旅行社业务被剥离出去，整个集团也改名为中免集团。而这个时候，中免已经拥有了全国九成以上的免税店业务。除它以外，深圳免税集团、珠海免税、中国出国人员服务总公司，都有免税业务，但是规模都很小，而且都限定了范围。

如果横向比较的话，中免的并购扩张其实和全球的免税巨头是一个思路。此前全球第一免税零售商是杜福睿（Dufry）。它本来是一个总部在瑞士的、区域性的零售商，但经过2015年之后的多次并购，变成了规模最大的免税公司。

不过两者的并购还是有区别的，杜福睿是市场行为，而中免更像是国家主导下的央企做大做强。

从商业逻辑来讲，免税店要并购扩张的原因也很简单，就是要形成规模效应。免税店的核心要义就是便宜，售价低的前提便是要压低成本，而成本中有两个比较重要的组成部分：店铺租金和采购支出。随着规模扩大，免税店在这两块成本上都更有能力去压价。

中免通过一系列的并购扩张，在国内几乎开始独享"免税蛋糕"。而另一个关键词——政策，又让中免的这块蛋糕迅速膨胀。

这就是海南的离岛免税消费政策。简而言之就是消费者到了海南岛，便有资格在免税店购买一定金额的免税商品。这个政策是从2011年开始的，此前离岛免税消费一直不温不火，但是在2020年迅速崛起，一下子成为中免的业务支柱。这一方面是因为海南的游客逐年增加，更关键的是，海南的离岛免税政策大幅放宽，每个人每年有10万元的额度，而且离岛180天内，都还能在线订购。

海南省商务厅披露了一组数据，2021年海南10家离岛免税店总销售额超过600亿元，同比增长84%，其中免税销售额超过500亿元。[1] 具体到中免这家公司，2020年，它在海南的离岛总销售金额（含存税）超过300亿元，其中免税商品销售额超过250亿元，同比均实现翻倍增长。[2] 2021年其对中免整体的公司业绩贡献直接超过七成，等于和机场店的位置互换了，这也帮助中免集团逆势上涨，占据行业第一的位置。

从中免的扩张史，也可以清晰地看到，免税店是一个与国家政策紧密相关的生意。关于前文提到的它基本上是国家意志下的央企做大做强，可以提供两个细节。一个是，2018年中免收购日上上海51%的股权，价格是15.05亿元现金。收购之前，日上上海2016年的营收就达到了63.3亿元，净利润2.55亿元，而2017年度前三季度的营收就超过了63亿元。[3] 但出售的作价不过才30亿元出头，所

---

[1] 海南省商务厅. 2021年海南离岛免税店销售额突破600亿元 同比增长84%[R/OL].（2022-01-01）[2022-08-02]. https://dofcom.hainan.gov.cn/dofcom/1100/202201/d4d5418d7459455f9953f8f0218f8109.shtml.

[2] 澎湃新闻. 今年海南离岛免税销售额已超250亿元，预计全年超260亿[R/OL].（2022-12-15）[2023-01-07]. https://www.thepaper.cn/newsDetail_forward_10402618.

[3] 界面新闻. 中免15亿元收购日上上海 未来可能独揽北上广三大机场免税店[EB/OL].（2018-02-27）[2022-05-24]. https://baijiahao.baidu.com/s?id=1593533808030420844&wfr=spider&for=pc.

以其实很难说这是一笔可以用正常商业逻辑解释的交易。

另外一个细节是 2018 年海南省国资委把它持有的海南免税的 51% 的股权无偿划转给了中免的大股东中旅，2020 年中免上市公司又宣布以 20.65 亿元现金收购了这部分股权。[1] 紧接着 1 个月之后，国务院就宣布了海南的离岛免税新政。

当然这也不是中国独有的，其实除了中国以外，很多国家市场的免税生意都是由政府主导推动的，比如国人很熟悉的韩国济州岛就是一个例子，这也帮助乐天成为全球的免税巨头。另外像泰国的免税店，很长时间都是由王权集团掌控的，这也是一家地位特殊的企业。

免税行与机场的前世今生

免税店这个生意模式其实历史不算悠久。二战后的 1946 年，爱尔兰的香农机场才开出了全球第一家免税店。20 世纪 60 年代之后，随着国际航班成为跨境旅行的主要方式，免税店才开始蓬勃发展。

回到中国，前文提到，中免在 2017 年、2018 年频繁收购，其收购的企业中日上免税可能是知名度最高的。日上免税是一家中外合资的企业，1999 年就获得了上海机场的免税店特许经营权。在海南岛的离岛免税业务崛起之前，日上免税行一直是获利较多的免税零

---

[1] 环球旅讯. 中国国旅：就收购海免公司 51% 股权事项完成过户 [EB/OL].（2020-06-09）[2022-05-24]. https://www.traveldaily.cn/article/138353.

售公司，因其店铺开在中国出入境人流最大的三个机场：上海浦东、上海虹桥和北京首都。这3个机场2019年的出入境人次加在一起为近7000万，接近内地机场总量的一半[1]；而与之相对应的，2019年，日上的这3家免税店就贡献了中免一半的营业收入。

而反过来，对于机场来说，免税店的重要性也越来越高。像上海的两个机场，在2019年，它们的非航空收入的占比已经超过60%。这个非航空收入包括餐饮、休息室，但最主要的就是免税店的租金。即便是2020年和2021年，非航空收入的占比也在50%左右。[2]

日上免税行在其中自然是主力。2017—2019年，中免日上向上海机场支付的免税店租金分别为25.6亿元、36.8亿元和52.1亿元，分别占公司同期营业收入比重的23.3%、39.5%和47.6%。[3]而且这时候上市公司的资产里还只有浦东机场，2021年底重组完成之后虹桥机场的免税收入才被纳入。

而机场和免税店究竟是以怎样的方式展开合作的？一般来说，机场收取免税店租金的方式都是销售扣点。换句话说就是卖出100

---

1 第一财经.10个机场跻身4000万俱乐部，千万级机场5年增加15个[EB/OL].（2020-03-27）[2022-05-24].https://mp.weixin.qq.com/s/QwsTxYGFmN_xq6nKxjUcMw.
2 华西证券.上海机场(600009.SH)：客流量恢复+潜在变现能力提升[EB/OL].（2023-07-26）[2023-08-08].https://pdf.dfcfw.com/pdf/H301_AP202307271592719146_1.pdf.
3 澎湃新闻.上海机场去年净亏扩大至17亿元，免税店租金收入同比降6成[EB/OL].（2022-04-15）[2022-05-24].https://baijiahao.baidu.com/s?id=17301842 19594112118&wfr=spider&for=pc.

元的货,其中会有部分的售价返给机场。销售扣点具体的计算公式各不相同,但一般是"保底+增量扣点"的方式,即规定一个最低的数字,然后随着销售额的提升,这个数字再提升。其中,不同类型的产品扣点比例是不一样的,烟酒、香水化妆品、食品这些主力免税商品的比例一般会更高。

可能大家会产生疑问了:为什么机场不自己经营免税店呢?

答案即为术业有专攻,机场主要还是做好本职工作,销售的事情未必做得得心应手。而且这里还有个规模效应,一个免税店可以开在很多个机场,但一个机场不太可能到别的机场去开免税店。所以机场很难建立起免税店的规模效应,这一点对于降低采购成本来说是很重要的。机场和机场之间也存在竞争,把自己的免税店铺交给有能力的公司经营,尽量做大营业额,自己赚取高额的扣点,才是更实惠的选择。

一般来说,国际上比较成熟的机场免税店,扣点比例都会达到40%以上。用直白的语言解释是消费者花100元钱买免税商品,其实40多元是给机场的,这个成本往往比货物本身的批发价更高。

相比之下,国内机场的扣点率其实都不算高,像日上在2018年之前不到30%。

这可能也是因为国内的机场免税生意还处于成长期,扣点低一些,可以培育市场。当然低扣点率对于中免这种企业来说,又是个额外的利好,成本就更低了。

随着生意越做越大,这块蛋糕就要重新分配了。2018年,上海机场和日上就签了一个新的合同，大幅提升了上海机场在免税生意中的权益。从 2019 年到 2024 年的 5 年里，上海机场在日上免税行的扣点率提升到 42.5%，这就与国际水平看齐了，而且其中还有保底收入的条款。这 5 年，浦东机场累计可以获得 410 亿元的保底收入，理论上，这就是旱涝保收收益。[1]

2020 年，上海机场的出入境旅客人次锐减 87%，相应地，非航空收入锐减 62%。[2] 到了 2021 年，情况没有明显好转。这种情况下，上海机场和日上免税行就重新签订了一个协议。其中租金的计算方式，简单而言就是：（1）原来的保底收入，变成了封顶收入；（2）收入不再与销售额挂钩，而是基于 2019 年的数据与客流量，再加上开业面积等因素进行综合计算。这样只要客流量没有恢复，上海机场的免税店收入就会大幅减少。实际操作结果就是，2021 年，上海机场的免税店租金收入不足 5 亿元，不到 2019 年的十分之一。

其实这些数据中蕴含了一些值得注意的细节，就是双方有一个共同的基础共识：这个生意得保住。首先上海机场大概率会大幅让步。其次，在具体的计算公式里，日上也给予了上海机场一些保障。简单而言，在客流量和开业面积特别少的时候，机场在销售额中的抽成比例会相应提高。所以 2020 年和 2021 年，虽然免税店的租金

---

1 南方财富网. 中国国旅事项点评：日上中标上海双机场，免税经营权再度扩展[EB/OL].（2018-07-24）[2022-07-08]. https://www.sohu.com/a/242980552_119746.
2 浙商证券研究所. 经营收益首次出现亏损，静待国际客流现恢复拐点——上海机场 2020 年报点评[R/OL].（2021-03-27）[2022-06-24]. https://pdf.dfcfw.com/pdf/H3_AP202103291477829991_1.pdf.

收入很少,但其实租金占整个销售额的比重是超过50%的。

浙商证券的一份研报分析道,这是由上海机场和中免在中国的免税店生意里的重要地位决定的。上海机场的免税店份额较大,所以除了中免,也不太可能找其他代替;对于中免来说,虽然海南的业务发展迅猛,但机场终归是一个重要的渠道,尤其是北京、上海,不可能放弃。

简而言之,双方都有各自的"护城河",使自己不可替代。

影子富豪与跨国免税巨头的诞生

前文提到的都是国内的案例,现在我们把视线挪到海外,领略当今世界最大旅游零售商之一的DFS的发展故事。

DFS全名就是"duty free shop"(免税店),大家就算没逛过,多半也见过它的购物袋。

这家公司现在是酩悦·轩尼诗–路易·威登集团(Louis Vuitton Moët Hennessy,LVMH)的子公司,也就是和路易威登、轩尼诗等同属一个集团。但它的创办者是两位美国退役老兵,其中一位核心人物叫查克·菲尼,他现在更为人所熟知的身份是一位超级慈善家,至今已经捐赠了至少60亿美元,而且大多数时间都是秘密捐赠,到了1997年才逐渐公开。查克·菲尼的创业和慈善故事都可谓传奇,其起家史大致可以分为三个阶段。

第一阶段,和美军的生意。他和生意搭档鲍勃·米勒在20世纪

50年代服役于驻欧洲的美军基地。当时国际游客的主力之一其实就是美国人，尤其是军人。因为他们在欧洲、亚洲都有很多军事基地，存在感很强。军人当时处于的状态，简单来说就是：第一不用打仗，第二有钱没处花。而且他们有一项重要的权利，就是在回美国的时候，可以带5瓶免税的酒。大家都知道酒的税是很高的，在当时一瓶欧洲产的威士忌，当地卖20美元的话，在纽约的商店里要卖50美元。

后来他们的生意还延伸到比酒的销售额还要更大的东西，就是汽车。其实很多国家的驻外人员都享受过这种免关税汽车的政策。当时他们生意的本质其实是没有库存的贸易公司，就是从军人那里拿到订单和定金，再去订车，帮助军人将货品运到美国。他们的核心能力其实就是能够接触到军队这个圈子，毕竟不是谁都能登上美军的舰船，然后疏通和军需官的关系的。

第二阶段，随着全球旅行和贸易的复苏，免税的政策从军人扩展到所有公民。当时美国的政策是非常宽松的，理论上，只要公民出国了，就可以带回来5瓶免税酒，或是一件大衣，或是其他产品。这些产品不需要从目的地国当地进行购买。这个阶段，DFS做了很多邮寄生意，具体的流程是：客户在海外的DFS商店买了物品，回国入关的时候需要申报说有东西要托运，DFS便负责把物品给客户寄送过来，邮递员送上门的时候，会要求客户缴税，客户只需要把申报单给邮递员，这一切手续就结束了。

不过整个过程可能需要1到2个月，但是考虑价格可以便宜一半，而且购买的东西往往不是急需品，所以出境游客都很喜欢。而整个过程中，DFS都不会产生库存。

这个例子的后续发展可以牵出免税店的一个特征，就是受政策影响大。因为到了1960年，美国政府开始收紧政策，尤其是酒类产品的免税额度大大减少，公民只能带回1瓶免税酒，还有很多限制条件。这一方面是因为政府不满意消费力流向境外，另一方面就是很多美国本土的酒类品牌觉得自己的利益受损。

这次政策的影响，差点让DFS倒闭，他们花了很大的力气，才存活下来。还好他们后来遇到了转机，这也是第三个阶段的关键词，就是和日本的生意。DFS真正发展起来，是在20世纪60年代的夏威夷。当时日本经济开始腾飞，出境游开始流行，游客首选目的地就是夏威夷。DFS最早在火奴鲁鲁的机场开设免税专柜，完全针对日本游客，所有店员都要学日语，连查克·菲尼本人都学了起来。这个免税店很快就从一个吧台大小的店铺，发展成了一个大店。查克·菲尼的传记《影子富豪查克·菲尼》里对此的描写是："生意太火爆了，我们简直控制不住。"

后来DFS扩展到香港、巴黎，这些都是日本游客的重点目的地。在这个过程里，DFS还投资扩建了塞班岛的机场，换来的回报是获得了塞班岛20年的免税店特许经营权。

综上三个阶段可以看出，免税店发展的基础，在于下游的客源。而上游的供应商作为环节的参与者，与免税店所处的关系也同样重要。DFS和卡慕干邑白兰地的合作例子就可以证明这一点。20世纪60年代，这两个公司开始合作。当时卡慕是全球排名第20的一个"落寞"品牌,而 DFS 亟须一个愿意与它深度合作的酒类品牌。因为有名的高端品牌都不愿意和免税店合作,觉得有点"掉价",而且即使合作,条件也很苛刻——给其他经销商的账期是 60 天,给免税店的却只有 15 到 30 天。而卡慕却决定和 DFS 合作,最终给了它超低的批发价和 120 天的账期。据说这个数字突破了酒类行业原本的底线。

DFS 也确实不负众望,其在夏威夷的销售员通过使用非常凌厉的手段,没多少时间就把卡慕捧成了日本游客眼中的高端干邑。每当消费者想买同价位其他的品牌,销售员就说:不不不,你应该买这个,卡慕才是现在欧美最流行的,带回去有面子。

而后的两年时间里,卡慕 90% 的销售额都是由 DFS 完成的。DFS 后来还建立了卡慕在欧洲的经销网络,至今卡慕还是日本最受欢迎的干邑品牌之一。这个例子说明了免税店这个经销渠道,对于烟酒、化妆品、奢侈品等品牌的影响力可以达到什么样的程度。所以也不难理解,LVMH 这个奢侈品集团为什么会在 1996 年花费 24.7 亿美元收购了 DFS。

免税店这个行业实操起来其实有非常多门道,包括具体的营销手段、商务条件的确定等,和一般的零售截然不同。

在疫情之后,我们看到很多乐观的分析。中免这家公司在疫情之后能够快速崛起,靠的是海南的离岛免税店,承接了机场无法消化的需求,等于是此消彼长,最后还是保持了增长。但是,从免税店的商业逻辑上看,这并不是一个长期可持续的状态。

对于免税零售业,还需要一些清楚的判断:长期来看,这个行业就是与出入境人流密切相关的。如果国与国之间的人员流动无法恢复，那免税业的前景就是困难的。我们也看到，2022年第一季度，中免的销售额和利润都出现了同比下滑，3月的下滑幅度最大。

境内的离岛免税店只能暂时满足被压抑的需求，无法长期维持这个生意。海南的长远规划也并非一个转移承接内地消费者的购物岛，而应该是一个自由贸易的中心。只有拥有来自全球的人、货、资金，才能发挥这个市场的真正潜力。

高贵的蛋

鸡蛋太常见了，打开全世界任何一个家庭的冰箱，或许都能找到它。中国家庭的冰箱里鸡蛋也许还更多一点——2017年中国鸡蛋的人均消费量是18.77千克，是全球平均水平的两倍。[1]

但另一方面，我们对于鸡蛋这个产品的评判标准又很不统一。比如，有的人觉得蛋壳颜色深一点好，有的人觉得蛋黄颜色不能太深，有的人觉得鸡蛋的摄入量一天不能超过两个，再比如，大部分人都觉得鸡蛋不能生吃，等等。

总之，大家对鸡蛋营养丰富有共识，但对什么样的鸡蛋才是好的这件事，意见并不统一。而往往在专业知识和大众认知之间存在很大信息差的时候，就会诞生一些商业机会。

近几年，在鸡蛋这个小方向上就产生了一些变化——鸡蛋变贵了。

而如今还有一些公司，希望通过提升品质，把一枚鸡蛋的价格做到2元以上。这些公司，也能因为鸡蛋的消费升级拿到融资。比

---

[1] 李莎莎，李先德. 我国居民鸡蛋消费需求与未来趋势[J]. 中国家禽, 2018, 40(17): 1-7.

如2022年有家叫"黄天鹅"的公司,就靠着做"可生食鸡蛋"的概念,拿了6亿元的C轮融资。

本文的主要关注点在于:第一,鸡蛋的价格对我们的生活影响有多大;第二,什么概念能让鸡蛋变贵,以及能变得多贵;第三,"可生食"是一种什么标准,里面有些什么门道;第四,回到商业上,在中国市场上要把鸡蛋生意做出规模、做出品牌,到底有多大难度。

鸡蛋在中国的"CPI篮子"里也有位置

鸡蛋的价格对我们日常生活有多大影响力,可以从CPI(Consumer Price Index,消费者物价指数)中窥探到答案。

CPI大家都很熟悉,就是中国消费者价格指数。CPI的具体算法是不公开的,但我们知道一个基本框架,它是"一个篮子",里面包含了各种最重要的商品和服务的价格,不同价格的权重会有变动。

虽然是不公开的,但各个机构也都会摸索估算一下CPI的构成。本文所引用的,是彭博经济学家曲天石2019年发表在一篇文章里的说法。曲天石认为,在中国的CPI篮子里,食品在2019年的占比是19.9%,这个数字要比2015年的30%低了很多,相当于国家的恩格尔系数在降低。[1]

---

[1] 彭博经济学家:解密中国CPI篮子——食品占主导 服务是关键[EB/OL].(2019-06-25)[2022-5-24]. https://www.bloombergchina.com/blog/china-insight-cpi-basket-decoded-food-dominates-services-key/.

在食品类别中，猪肉权重最高，可以占到2.5%，其次是鲜菜和粮食。而本文的主角鸡蛋，在整个CPI中的权重占比大约是在0.5%～0.8%。即便跟猪肉的占比差距较大，但在日常生活里，鸡蛋价格的影响力似乎非常明显。相信大家都听过这样的一些社会新闻，就是鸡蛋价格的变动总是能够第一时间牵动长辈的心，从而引发一些抢购热潮。

这其实是超市十分经典的营销策略，把便宜的鸡蛋作为"引流"的手段，若是只购买鸡蛋，超市无法做到赢利，但是消费者顺手再买点别的，超市就可以达到营销的目的。

即使是从传统商超变成了社区团购，鸡蛋也是促销利器。曾有一个报道，说在长沙，美团优选是0.99元3枚鸡蛋，十荟团就卖0.99元4枚，双方围绕这一个爆款，打长期的价格战。在江西，兴盛优选也是靠持续卖低价蛋，把总单量做到了全市场第一。

为什么鸡蛋对消费行为有这么大的影响力？首先因为鸡蛋和猪肉之类的食品，是天天卖、到处都卖的商品，所以居民对于价格变动会更敏感。而一些季节性的蔬菜水果，由于短期的价格波动很大，消费者相对没那么敏感。

另一个就是，鸡蛋的价格本身也更稳定一点。这里举一个海外的例子，是日本在2020年的一项统计。它计算了从1970年开始，日本国内鸡蛋与食品整体物价变动之间的关系，结果发现，食品的价格在50年内整体涨了3.5倍；但鸡蛋的价格相比50年前，基本是在 1.5 倍到 1.6 倍上下徘徊的。[1]

这种相对稳定的低价格背后，会有几个因素的影响。

首先，鸡蛋的价格总体上跟猪肉一样，会受"存栏量"的影响。"存栏量"可以简单地理解为鸡蛋的产能，再直白点，就是有多少能产蛋的鸡。前文提到，中国的鸡蛋人均消费量很高，同时中国人口数量庞大，而超大规模的供应量和消费量，本身就能平抑一部分价格波动。

其次，新鲜鸡蛋的价格本身存在季节性的波动，一般春季偏低，夏季走高，到冬季又回落。但如果不完全追求新鲜，而是靠在全国采购，同时销售冻品蛋，就能实现较低的价格。前文提到的兴盛优选在江西能长期卖低价蛋，部分原因也是依靠背后的经销商使用冻品蛋，做了"调峰式采购"，即在购买需求处于高峰时，通过调整新鲜鸡蛋与冻品蛋的数量来保持商品价格的稳定。

虽然蛋在 CPI 中的占比不如猪肉，但是它的价格更低、波动幅度更小，其中既有消费基数较大的原因，也有类似冻品蛋这样平抑价格的技术手段。而正因为价格既低又平稳，所以消费者对于超低价蛋，甚至是免费蛋的促销手段接受度非常高。或者换句话说，鸡蛋能被大多数消费者接受的核心卖点，就应该是"便宜"。这也就引出了第二个话题：为什么现在超市会卖"高贵"的鸡蛋？它们到底贵在哪些概念，或者说标签上？

---

[1] 走近日本. 爱吃鸡蛋的日本人，一年人均消费 292 个[EB/OL]. (2021-06-08) [2022-09-04]. https://www.nippon.com/cn/japan-data/h01002/.

于超市中寻找"高贵的蛋"

避开传统菜场和较为便宜的进货渠道,在价格相对来说普遍较高的超市中,例如盒马鲜生、Apita(雅品嘉)日本超市、CitySuper(超级市场)香港进口超市和大润发等,鸡蛋的"高贵"是如何体现的呢?

在CitySuper的在线商城中,鸡蛋的单价都在3元及以上,而一种名为"秦邦吉品有机草鸡蛋"的产品,每枚鸡蛋的平均价格为4.95元。在日本超市Apita里也有一种"土也球绿壳有机乌鸡蛋",折合下来鸡蛋的单价达到了4.98元。对以上4种超市渠道进行总结。CitySuper均价最高为3.65元;大润发均价相比较低,大概是1.34元;而最低均价出自盒马鲜生,为0.65元。[1]

单价能超过2元的鸡蛋,卖点大致集中在以下4个方向。

首先是品种和饲养条件,比如土鸡蛋、散养、谷物喂养,这些都是涨价的理由。像散养里,还可以细分出普通散养、林下散养、山林散养……

其次是添加各种营养物质,比如富硒、Omega-3脂肪酸、DHA(Docosahexaenoic Acid,二十二碳六烯酸)、叶黄素、胡萝卜素等,营养价值理论上总是高一些。还有比如重金属、农药残留等的检出结果更低,也可以提价。

另外,一些大的国家标准,或者消费者有一定认识基础的说法,也可以用来加价。比如有机、绿色、红心、"零抗"(在鸡的饲养

---

1 本段数据来自本文作者2022年初在上海市场的实地调查结果。

过程中不添加抗生素，或者在鸡蛋里未检出抗生素）。

最后就是可生食，这是一个最直观的卖点。目前市面上除了国产的黄天鹅，以及部分品牌的部分品类可以做到可生食之外，大部分可生食蛋都是日本品牌，比如兰皇、兰妃、朝一、伊势。

所以调研下来的结论是：一个鸡蛋能卖到多贵，可能会由很多种因素决定，比如品种、饲养条件、有没有添加各种营养物质、是不是绿色有机、是不是可生食，以及在什么渠道里卖，等等。

需要特别说明的是调研的这4个超市渠道，都在引进适合他们常规消费者的消费水平和习惯的产品。比如大润发，在线上只售卖一种可生食鸡蛋，就是黄天鹅。因为大润发的大部分消费者，都是不习惯吃生蛋的。而在日本超市Apita卖的9种蛋里，只有2种是不能生吃的，毕竟Apita里的日本消费者或许会多一些。

另外值得注意的是，上述这些产品的特性，厂商都会将其醒目地放在外包装上。换句话说，鸡蛋品牌是把这些产品品质上的特色作为辨识品牌的核心的。

当企业标准成为一种营销卖点

"可生食"是一个源自日本的概念。其实日本人早年不怎么吃鸡，吃鱼类、贝类比较多。哪怕吃鸡蛋，也是把它作为一个比较高档的东西。1838年《御次日记》就记载着用生鸡蛋拌饭招待客人的场景。而第一个明确宣扬吃生鸡蛋的日本人出现在1877年左右，是一个名为岸田吟香的男子。

后来鸡蛋越来越深入人心,变成一种大众消费品,而且以鸡蛋为原料也做出了一些经典美食,最著名的可能就是玉子烧。日本还有像生鸡蛋盖饭,或者在寿喜烧里用生鸡蛋蘸肉的做法,这无疑对于鸡蛋的品质就有了更高的要求。

鸡蛋能否生食的一个核心指标,就是沙门氏菌。沙门氏菌是一种耐低温的细菌,所以把鸡蛋冷藏甚至冷冻,都不能消灭它。但是它不耐高温,因此若想生吃鸡蛋,便需要在鸡蛋从诞生到流通的每个环节中,都尽量避免接触有害细菌。

除了日本,实际上英国也有一些鸡蛋,官方认为是可以生吃的。这种英国鸡蛋上面会印一个红色的狮子标识,相关的管理规范叫"狮标鸡蛋操作守则(Lion Code of Practice)"。它的核心也是控制沙门氏菌,方法是给鸡苗注射沙门氏菌疫苗,从小就培养抵抗力。

英国的卫生部、食品标准局、行业协会和消费者之间,针对生食鸡蛋实际上长期存在争议。为了保险起见,官方都会建议群众尽量将鸡蛋煮熟后食用。但在2017年,英国食品标准局已经宣布"狮子蛋"是全面安全的鸡蛋,孕妇和幼儿也可以考虑生吃。

回到日本,除了前端的疫苗保障外,日本其实也强化了饲养环境的卫生管理和饲料管理。在母鸡下蛋后,还会对鸡蛋先做筛选,把比较恶浊或是有破损的蛋先清理出去,再对鸡蛋外壳做非常细致的清洗,之后会经过低温巴氏杀菌、干燥和紫外线再杀菌,才能分级包装上市。每个环节上的鸡蛋也会再做定期检测,检测是否有沙门氏菌异常。

伊势DHA鸡蛋的包装说明是这么写的："常温保质期30天，自生产日期起10℃以下冷藏保存15天内可生食。由于个人体质差异，为保证安全，建议充分加热后食用。"黄天鹅的包装上，还会把"生产日期"解释得非常详细，并且提示超过宜生食期或有破损裂纹，请充分加热煮熟后食用。

其实在解释"可生食"的过程中，大家也可以发现，相比于富硒、Omega-3脂肪酸添加这样可以检测出来的标准，或者绿色、无抗这样有国家规范的标准而言，"可生食"一方面可以简单解释为无沙门氏菌，另一方面也隐含了很多关于高品质的言外之意。但是不管是沙门氏菌还是高品质，其实都不在国家标准的覆盖范围里。

超市里只要是有包装的鸡蛋，外包装上其实都会写明它在销售时参照的是什么执行标准。大部分鸡蛋参照的都是《GB 2749-2015食品安全国家标准 蛋与蛋制品》，但是有些企业，比如朝一、黄天鹅的参考标准是不一样的。朝一参考的标准叫Q/ZY0001S，黄天鹅参考的标准为Q/SFJ0001S，这些其实都是企业自行申报、经过备案的企业标准。只要这个企业标准比国家标准和行业标准更严格，或者对现行标准有一些进步的补充，国家其实是鼓励企业去申报的。

虽然企业标准在一定程度上代表了先进性，但在有些情况下，它其实更像是企业发掘出来的一种营销卖点。例如黄天鹅其实一直在找咨询机构和行业联盟组织做各类白皮书、品牌力报告和联盟标准，在2020年5月也通过引进全套日本技术和标准，申报了

Q/SFJ0001S 这个"可生食级"鲜鸡蛋企业标准。当然，它的产品外包装上也会明确说明，自己的企业标准相比现行国标，增加了对沙门氏菌、大肠杆菌、金黄色葡萄球菌等 6 项指标的严格要求。另外有 3 项重金属和兽药残留指标，黄天鹅的企业标准也比国标严格一倍。

高品质鸡蛋能打开中国市场吗

对于"可生食蛋"有概念的人，可能也了解兰皇、朝一这些牌子。而这个概念一旦在消费者心中建立起来，确实有利于品牌的拓展。2021 年 9 月，日本的伊势蛋业和新加坡食品局签了协议，要在新加坡投产做本地养殖，产能设计是每年生产 3.6 亿只鸡蛋，以缓解新加坡本地鸡蛋供应不足、要依靠大量进口的问题。伊势蛋业是日本第一大鸡蛋生产商，也是全世界前六大鸡蛋生产商之一。这家公司从 1912 年成立开始就做鸡蛋生意，也是行业里的百年老店。

前文提到的日本超市 Apita 在中国销售的鸡蛋也都是可以生食的，而其在日本国内推广的品种只会更多。中国市场上其实也有一些鸡蛋的高端品牌，比如黄天鹅，还有德青源。为什么它们的规模并不是很大呢？

简单来说，还是因为目前在整个鸡蛋消费市场内，高品质鸡蛋的需求太小了，难以支撑众多品牌成长扩大。但想要在鸡蛋上打出品牌，必备的差异化又只能从品质的提升入手。比如，目前在黄天鹅的养殖场里，采用的是节省人力的智能化养殖模式。过去鸡场里一个饲养员只能负责 3000～5000 只鸡，现在一栋鸡舍里 10 万只鸡，只需要配备一个饲养员就能管理好，但这套模式在基础设施上就花费了 8 亿元。

目前黄天鹅在做的就是两件事：一是拓展渠道。目前它通过盒马鲜生、京东、天猫、叮咚，以及精品超市、社区超市等很多渠道，已经进入北上广深及成都、杭州等 10 多个大中城市，以触及更多的消费者群体。二就是所谓的"种草"，比如在最主流的内容社区，策划发起"溏心蛋挑战赛"，想尽办法打破消费者对生食的顾虑。

通过对"高贵的蛋"这个市场现象进行小型的调研和分析，可以学习到很多涨价小套路，比如有机、散养、富硒。其中最火的，也是从日本舶来的一个卖点，就是"可生食"。为了做到可生食，其实从鸡蛋诞生前，到整个流通环节，都需要很细致的环境监测和保障，相应也会增加成本。而一旦鸡蛋变贵了，这又有悖于中国消费者的基础认知——鸡蛋似乎一直是一种比较稳定、低价，且关乎民生的消费品。

居住在城市里的年轻人，对于鸡蛋这个与农业相关的话题，其实是较为陌生的。然而商业机会往往诞生于专业知识与大众认知的信息差之间，即便日常如鸡蛋这样的领域，也需要不平凡的智慧与不懈的探索。

主题乐园是不是好生意

在 2021 年的十一长假期间，刚开业的北京环球影城表现颇佳。官方数据显示平均每天有超过 2.5 万人入园，其中外省市购票游客约占五成，带动了外来消费增长超 15%。[1]

从商业的角度看，北京环球影城这个项目，虽然不说是排除万难，但也算是好事多磨了。从最初意向到最后开业，花了整整 20 年。虽然主题乐园是个舶来品，但除了环球影城和迪士尼，国内也出现了主题乐园的建设潮。所以，这其实是个挺热闹的生意。

本文首先从 100 年前开始解释主题乐园到底是怎么变成一个生意的；再通过大阪环球影城的例子，来探讨环球影城到底是不是一个能与迪士尼乐园匹敌的乐园品牌；最后，回到中国，解析为什么中国市场至今都没创造出自己的迪士尼乐园和环球影城，当然，也会提到建设北京环球影城的背景故事。

---

1 华夏时报.北京"十一"长假消费成绩单：7 天重点商企入账 63 亿，环球影城带动外来消费增长 16.3%[EB/OL].（2021-10-08）[2022-07-03]. https://www.163.com/dy/article/GLQH6VOC0512D03F.html.

最早的环球影城午饭只要5美分

最早的环球影城，就是环球影业的摄影棚和外景场地，两家公司是同一个老板，叫卡尔·莱姆勒。他当时为了拍电影，在好莱坞北部买了230亩土地，除了搭景、搭影棚，还建了商店、学校、公交系统等一系列公共设施，逐渐形成了一个影视基地。

当时整个好莱坞其实没有几家初具规模的电影制作公司，更没有成气候的影视基地，所以环球影业的这些投资是很关键的，相当于为好莱坞的发展打下了基础。1915年3月14日，影视基地开始对外开放，这就是如今环球影城的前身了。

其实因为建得比较早，早期的环球影棚是很有"野趣"的。游客只要花5美分就能进到影棚里观看电影是怎么拍摄的，现场还会发放带鸡块的盒饭。而且早期环球影棚的城镇化水平还处于比较低的层次，周围有一些农场，所以卡尔·莱姆勒为了丰富游客的体验，开发了买菜项目，游客看完拍电影之后还可以去体验买菜，所以也可以说是个农家乐的概念。

到了20世纪30年代，电影行业开始进入有声时代，影棚希望减少游客对于拍摄的影响，所以游览影棚的活动迅速受限。直到1962年，环球影业被美国音乐公司收购后，新的母公司希望能增加一些额外收入，环球影业才决定把摄影棚改造成主题乐园，通过改用摄影棚表演、特技示范和技术含量更高的游乐设施来补足体验，让游客既能获得身处好莱坞片场的感觉，同时又避免在真实片场内的参观。

在中国,各种各样的影视基地、电影小镇概念其实在几年前还挺受追捧的,比如万达在青岛的东方影都、华谊与冯小刚合作的电影小镇等。东方影都项目的体量很大,其中与电影直接相关的部分就有 2000 亩,规划中包含了 52 个摄影棚、大量置景车间和后期制作工厂。

当然,由万达这样的地产商来主导,一般会把项目建成非常复杂的综合体,除了摄影棚还包括商场、商铺、住宅、写字楼、酒店等一系列配套设施,这些商业地产的面积其实是电影部分的两倍。另外,电影拍摄的需求往往也会推动很多小公司的成立,比如涉及租赁道具、组织群演、打理账务乃至申请退税等业务的公司,从而形成一个较为稳定的生态圈。

"幻想工程"迪士尼的诞生

如果说影棚是主题乐园早期提供的一个粗糙版思路,那比较成熟的版本应该是什么样的呢?

其实也可以从迪士尼乐园的早期理念出发来讨论这个问题。关于迪士尼为什么想做主题乐园,有几种说法,其中比较流行的是:有一次,迪士尼先生带着他的两个女儿去洛杉矶的格里菲斯公园玩耍。当他的两个女儿坐在旋转木马上享受着娱乐设施带来的乐趣的时候,迪士尼先生并没有选择和她们一起乘坐。其中的原因可能是过于"低幼"的旋转木马不适合早已成年的迪士尼先生,所以他没有相应的心境与身份和两个女儿一同享受旋转木马的快乐。

这一事件也引起了迪士尼先生的思考:为什么游乐园不能变成一个让孩子和大人都能够享受喜悦的地方呢?最终迪士尼先生决定将迪士尼电影中的精彩故事融入游乐设施,建造一座大人小孩都能感受到愉悦的游乐园。

这个初衷也许听起来很普通,但实际上代表着主题乐园和游乐场之间的差距。

因为游乐设施往往自带了一些限制:有些是身体层面的,比如过山车不适合老年人;有些是心理层面的,比如相比坐旋转木马,有的小男孩可能会更倾向于开卡丁车。游乐园可以通过引入大量设施来消除身体的差异,但是心理层面的改善是很困难的。

而将电影故事与游乐设施结合、变成主题乐园之后,对于消除心理层面的限制十分有帮助。比如把旋转木马用的马,都换成《汽车总动员》里的小汽车,那么小男孩可能就会愿意尝试。而且迪士尼的电影,几乎都适合全家一起观看,那么改造过的游乐设施,就很容易吸引到核心年龄层之外的消费者。

但这会引申出一个更为复杂的问题,就是如何将电影场景自然地融入游乐设施,而不是仅仅把木马换成小汽车。

迪士尼在做主题乐园的时候,就有一个专门的岗位,叫幻想工程师(imagineer),他们会负责主题乐园中最重要的场景设计和建造工作。这个岗位需要的是有些"人格分裂"的特殊人才,既要保持天马行空的想象力，又需要具备工程师的严谨认真。

所以在此类人设计的场景中，往往会有很丰富的细节和彩蛋，既贴近电影内容，又身处现实世界中。游客甚至无法一次性领略完每个场景的所有内容，每次体验的感受都不尽相同。环球影城也十分重视这个部分，而且会更强调对电影场景和特效层面的复刻。

当然，与电影的强挂钩会带来另一个问题，就是与 IP（intellectual property，知识产权）的强绑定。走进迪士尼乐园会有米奇米妮、加勒比海盗，而走进环球影城就会有哈利·波特，这个是消费者能够获得的预期。当然，如果这些 IP 本身变得没有新意、失去吸引力了，那么消费者为它而来的冲动就会大幅度减少。而且不像电影可以隔一两年就做出续集，主题乐园的游乐设施改造是硬件成本，调整一次便耗费巨大。

迪士尼先生曾经觉得，迪士尼乐园是一个永远都不可能真正完成的项目。它应该是一个一直在发展的、一直都要增加新元素的地方。他这个想法的核心是创新，但创新对于主题乐园来说，就是源源不断的开支。

低谷期的大阪环球影城如何"空手套客流"

日本环球影城开张的头几年，客流和收入情况也不错，但受2008 年全球金融危机，以及一些公共事件危机的影响，到 2010 年，情况就已经比较危急了。2011 年，日本又受到大地震和福岛核事故的冲击，这对旅游业来说就是噩耗。当时日本环球影城的总经理森冈毅甚至说，再不扭转局势，这个项目就要破产了。

当时的局面，实际也与环球影城早期在海外的经营策略有关。那时候日本和新加坡的环球影城和环球影业其实都只有IP授权的关系，运营公司都是当地的本地企业。相当于美国的环球影业是旱涝保收拿分成，而日本本土运营方则要一边融资还贷款，一边绞尽脑汁吸引客流。

相比之下，迪士尼在海外的乐园运营模式就重一些，倾向于通过合资公司来管理项目。它在巴黎、香港和上海迪士尼乐园中的持股比例都在40%以上，上海项目最低，但也有43%。只有东京迪士尼是IP授权运营模式，它其实也是迪士尼在权力交替期内出现的一个失误，当时东方土地公司（Oriental Land Co.，OLC）以每年2000万美元的授权费，就拿下了东京迪士尼的所有权和经营权。而东京迪士尼是个异常成功的项目，OLC截至2019年3月的全财年收入超过5200亿日元，也就是320亿元人民币。[1]

视线转回大阪环球影城，森冈毅也跟项目社长甘培尔讨论过，能不能把当时在美国已经开业的最新IP哈利·波特引进到日本来。但甘培尔得知需要花费近400亿日元，就说"你先从我的尸体上跨

---

[1] Oriental Land Co. Annual Report 2019[R/OL].（2019-03-31）[2022-06-24]. https://www.olc.co.jp/en/ir/library/annual/main/01/teaserItems1/00/linkList/013/link/annual_2019_en.pdf.
汇率采用中国人民银行授权中国外汇交易中心公布的2018年12月28日银行间外汇市场人民币汇率中间价：https://www.safe.gov.cn/beijing/2019/0107/1025.html.

过去吧"。因为当时日本环球影城一年的收入也就是800亿日元，之前耗资最大的一个更新项目是140亿日元的蜘蛛侠惊魂历险记。

甘培尔其实特别喜欢这种只需要不高的花销就能获得的新鲜感，所以在当时的日本环球影城里，除了蜘蛛侠，还塞进了Hello Kitty（凯蒂猫）、史努比和芝麻街，以及和迪士尼类似的花车巡游，基本上已经变成了"大杂烩"主题乐园。

总之，当时摆在森冈毅前面的就是个难以处理的局面。他最终还是依靠自己的游说能力通过了昂贵的哈利·波特项目引进，但是也得保证在三年建设期里，日本环球影城不要先提前破产了，他必须想尽一切办法提升客流量，而且尽量节省开支。事实上，森冈毅确实拿出了一些很有魄力的方案，举几个例子。

首先，当时日本环球影城已经是个大杂烩主题乐园了，森冈毅就干脆转变定位，让项目从一个"电影专卖店"变成"娱乐买手店"，市面上什么火爆他们就引进什么。所以在这个项目里，划了一块专门呈现日本原创IP的酷日本（Cool Japan）园区，"怪物猎人"和"进击的巨人"都来过。

其次，日本环球影城里原本适合小朋友的项目不多，森冈毅就强化了针对3到6岁儿童家庭的入园吸引力。2011年，他不仅借着大地震的由头，举办了一次关西儿童免费入园日，还在下半年利用万圣节进行了一把恐怖营销。据说万圣节那天，日本环球影城的游客数量超过40万人，所有项目排队的人都是里三层外三层。

最后，在2013年，也就是竞争对手东京迪士尼30周年的这个关键时间点，森冈毅又拿出了一个疯狂的点子——倒开云霄飞车。这种技术部门一听就会否决的方案，经过各种验证和重新开发，最后竟然也实现了。当时日本的人气偶像团体 SMAP 也为这件事推出了新单曲，在电视广告上反复播放。最后的结果是，等着玩云霄飞车项目的排队纪录，最长超过 9 小时 40 分钟。[1]

从这些例子里可以看出，森冈毅思考问题的方式很会打破旧的框架，这个其实就是主题乐园必备的创意部分。而且理工科出身的森冈毅的很多想法，都是经过了严密的计算，结果可行才去做的。比如哈利·波特这个项目，他当时就向甘培尔展示了通过 3 个模型计算出的预期客流量和收益率，确认都能赚钱，才会力推。

当然，日本环球影城这个项目最后的结果也很好，环球影业在 2017 年提出要买断这个项目其他股东手上的股份，从授权经营变成直营。那一年，日本环球影城已经是全球第四大主题乐园了。顺便一提，目前在北京环球影城项目中，环球影业的持股比例也有 30%，本土运营方北京首寰文化持股是 70%。

中国主题乐园的"投资强度"

对上文提到的主题乐园的经营要点进行总结，首先是依托很强的王牌 IP，再通过塑造电影的实景感、不定期更换项目的新鲜感来

---

[1] 第一财经周刊. 环球影城走 V 字，在大阪 [EB/OL].（2015-04-09）[2022-08-14]. https://finance.sina.cn/chanjing/gl/2015-04-09/detail-iawzuney2901451.d.html.

维持客流量与收益。其实这些理念，国内的主题乐园也都明白，但是从目前来看，中国式的主题乐园还不够有魅力，这当中可能有品相上不够精细的原因。2015年《第一财经周刊》曾经采访过一家主题乐园的设备供应商，受访者当时就说国内的主题乐园往往为了赶在五一、十一长假前开业压缩工期，在一些验收细节上也会打折扣。另一个参与过长隆横琴项目开发的外国受访者也说，长隆总是喜欢以最低的成本、最短的时间来做开发。这其实跟碧桂园、恒大造房子追求高周转，已经是很类似的思路了。

主题乐园的一个行业指标，叫投资强度，也就是公园的总投资除以总面积。在投资强度这个指标上，迪士尼和环球影城在第一梯队，会为每平方米土地花2万元搞建设、配人力物力；像香港海洋公园、长隆的开发商处在第二梯队，每平方米愿意花8000元到1万元；而前几年最热衷炒主题乐园这个概念的公司，比如方特、万达，投资强度就只有5000元至6000元。之前专心拍电影的华谊建设的几个电影小镇，投资强度更低，只有4000元左右。

投资强度比较低的原因，除了确实不像迪士尼有雄厚的资金之外，还有个问题就是本土公司很少有特别出彩的IP可以挖掘。比如，方特自己都不知道《熊出没》为什么会火。内部人员都觉得它可能只是恰好诞生在一个缺乏优质国产动画片的时间点，并没有什么真正的吸引力。

如果一个地方本身没有什么强势的文化基础，那么创造出来的任意一个IP，都可以变成看起来有点像样的目的地。这里有个典型的案例，就是张艺谋的印象系列，本质上就是舞台秀，但可以根据各地情况灵活设计。

实际上，万达在做主题乐园的时候，也会注重这部分秀的元素，甚至有点复刻太阳马戏团的意思，比如武汉的汉秀，演出请的都是外籍演员。只不过，不管是"印象"还是万达的秀，价格都偏贵，所以它的重点是团体销售。但主题乐园的游玩，理论上是一个以家庭为单位、比较灵活的消费抉择，两种思路的方向是不适配的。

另外，不管是在中国还是外国，主题公园经常容易被诟病的一个问题，就是高价的连带销售，比如住宿、餐饮、衍生品。上海迪士尼因为自带食物的问题吃了官司，最终打破了惯例；北京环球影城开业之前，高价餐食也是媒体关注的焦点。这背后可能反映了一种心态，就是虽然大家能接受主题乐园很贵的门票，但这不代表对其他消费的价格就不敏感了。

根据福布斯的说法，迪士尼乐园的门票价格也就刚好覆盖运营成本，真正赚钱的地方其实就是酒店、衍生品和餐饮。按照东京迪士尼的2014财年的统计，每个消费者平均在园内花费超过1万日元，其中只有40%左右是门票，衍生品的消费反而跟门票差不多。[1] 同一

---

[1] Oriental Land Co. Annual Report 2014[R/OL].（2014-03-31）[2022-06-24]. https://www.olc.co.jp/en/ir/library/annual/main/01/teaserItems1/00/linkList/00/link/annual2014e.pdf.

年，巴黎迪士尼的酒店收入占到了项目全部收入的四成左右。[1]

而中国的主题乐园，对门票的依赖程度高得多，咨询机构沙利文 2018 年的一个数字是中国的主题乐园门票收入占主题乐园总收入的 70% 左右。[2] 这当中很重要的原因，就是衍生消费需求不足，背后的根本原因可能还是 IP 吸引力不够强。

消费者会去买魔法袍和魔杖、喝黄油啤酒，是因为魔法世界的这个故事足够有吸引力、体系非常严密和完善。但是《熊出没》或者《1942》的片场，如果去掉角色和故事，它还有什么延展空间呢？这个可能是需要开发商去认真思考的问题。

另外，迪士尼乐园和环球影城在中国，都不是单体项目的概念，而是以这些项目为核心的度假区概念，周边有很多承载溢出消费需求的商业设施，比如迪士尼小镇、环球影城城市大道，它们本质上就是主题性更强的购物中心。所以万达的主题乐园为什么会是一个如此全面的综合体，背后也是有很多考虑的。

害怕文化入侵？先要做好文化磨合

我们中国式的主题乐园里，总是特别强调中国元素。北京环球

---

[1] 好奇心日报. 迪士尼乐园 60 周年，它是如何成长为 150 亿美元的大生意？| 好奇心商业史 [EB/OL].（2017-06-01）[2022-06-24]. https://www.163.com/ent/article/CLQIKCLM000387GI.html.
[2] 头豹研究院. 2019 年中国主题公园行业市场研究 [R/OL].（2020-09-23）[2022-08-14]. https://pdf.dfcfw.com/pdf/H3_AP202009231416433147_1.pdf.

影城为什么花了20年时间才落地,其实跟这个问题也有一些关系。

简单来说,北京环球影城这个项目的方案,其实在2003年就上报到当时的国家发展计划委员会,但是一直没有回音;2006年起,国家开始严控主题乐园建设,新建项目要经过国务院审批。中国主题公园研究院院长林焕杰接受《第一财经》杂志采访的时候说,当时叫停主题公园建设潮,不是因为经济效应的问题,主要就是担心外国文化入侵。

在北京环球影城的案例里,我们也能看到中美双方就中国元素的争论。中方最早是想把大闹天宫、哪吒闹海、西游记之类的传统故事放在环球影城里呈现的,但美方觉得这都是几十年前的动画片了,不容易开发。最后双方各退一步,选了功夫熊猫。在总体呈现比例上,中方最早希望中国元素能在园内占到四至五成,但最后其实只有三成。

重视文化元素,其实倒是很容易理解原因。因为占地面积很大,所以土地生意是主题乐园的重要组成部分,很多事情不是由开发商、运营商说了算的,本地政府的意志有时候可以体现得非常鲜明。

另一个案例,就是建设年代很早的深圳世界之窗,即把全世界的标志性建筑都压缩到一个场子里。早年中国的消费者,对于这种直接的景观大全是很追捧的,而现在我们可能会把这种东西视作一种猎奇。

实际上,不管是迪士尼乐园还是环球影城,本身也都会预留本土化适配的空间,并不是完全移植、不接地气的西方文化拼盘。至于这个本地化的比例有多大、能不能让消费者感觉舒服，就需要在文化和技术层面不断磨合，就像幻想工程师做的事情。当然要具体情况具体分析，比如北京环球影城的功夫熊猫，就算是一种比较务实的尝试。

那么，主题公园是不是一门好生意？其实，好的主题乐园才是好生意。但要想把消费者一天的时间用独特的体验、良好的服务和恰到好处的新鲜刺激填满，实际上是非常困难的事。而迪士尼和环球影城之所以能够做到，可能是因为它们有充足的想象力和服务意识，以及雄厚的资金作为支撑。

自动驾驶被过度营销了吗

随着自动驾驶的商业化应用越来越普及,相关技术已经开始在城市的公共道路上出现,而与其有关的安全事故却屡见不鲜,担忧之余,大众也有必要了解这个技术的商业化进展到底如何:目前商用的辅助驾驶系统,到底安不安全?"自动驾驶"这个词是否被过度使用?自动驾驶的商业化路径究竟是怎样的?

自动驾驶的"通货膨胀"增加潜在安全风险

目前,所有量产乘用车上搭载的,都是辅助驾驶功能,而非自动驾驶功能。自动驾驶作为一项技术,本身拥有不同的发展阶段,也有不同的档次和难度,像中国、美国都有官方的等级划分。熟悉行业的人群可能知道 Level 2(部分自动化)、Level 3(有条件自动化)、Level 4(高度自动化)的分级,在中国也有类似的标准。这些分级大同小异,但其中有一条重要的分界线是很明确的,就是是否需要驾驶员手握方向盘、注意路况。简单来说驾驶员要承担事故责任的,是辅助驾驶功能;允许驾驶员做其他事情、不承担事故责任,由汽车厂商承担责任的,就是自动驾驶。

而现行的交规,都还没有允许上述后面一种情况的发生,除了在部分自动驾驶测试区。但现在很多品牌在进行技术营销的时候,滥用了"自动驾驶"这个词,使得这个词"通货膨胀"了。其实相关公司在产品的使用手册、相关的法律文件上面,还有试驾的时候,都会强调该技术是辅助驾驶功能,驾驶员是要负责的。但是,他们会有意无意地让消费者把车载系统和"自动"联系在一起。比如有的系统,名字就叫"自动辅助驾驶",当把"自动"和"辅助"放在同一个语境中,消费者会更在意哪个?另外,虽然系统本身是辅助驾驶,但是芯片是自动驾驶的芯片,团队是自动驾驶的团队,它们的技术目标是自动驾驶,并且会不断进化,等等,这些状况似乎都比手册上使用的那些严谨、合规的用语,要醒目得多。

即便有风险,厂商还是愿意"铤而走险"的原因就在于有利可得。这是许多电动车相比于传统燃油车最大的卖点,能体现出在技术方面的领先优势。作为把辅助驾驶功能引入量产车的先行者,特斯拉在这当中也有一定的带头作用。它的系统名为自动驾驶仪(autopilot),最初翻译成自动巡航系统,包括后面推出 FSD(Full Self Drive,完全自动驾驶系统),这些尝试都使得其他竞争者选择了紧跟其脚步。

过度宣传可能会引起消费者的过度信任,虽然这些系统都要求驾驶员手握方向盘、注视道路,但实际上,驾驶员十分有可能会放松警惕,注意力涣散从而忽视前方的路况。总之过度营销,和自动驾驶这个词的"通货膨胀",都会增加这种潜在的驾驶风险。

确定的舒适性和不好判断的安全性

辅助系统既然可以自己刹车、加速、变道，还能根据导航自己驾驶，为什么又要强调驾驶员需要随时接管，保持注意力？这就涉及目前辅助驾驶功能的使用场景和产品价值。目前辅助驾驶功能的使用场景主要有两个：高速公路和缓慢拥堵路段。比如早晚高峰的城市快速路，辅助驾驶功能可以被应用，是因为车辆处于封闭道路，路况相对比较明确。那么在这两个场景下，它带来的价值即为舒适性和安全性。而这第二条安全性，其实目前很难证实，理论上认为系统不会犯错，所以它可以避免潜在的交通事故，但实际上很难用统一的标准去进行测算。

相比之下，舒适性就是一个更明确的效果，也是为什么现在很多消费者都很喜欢电动车新品牌的这些功能。

但问题是这些仍处于不断发展中的技术始终存在缺陷，即便在封闭道路，也有一些情况是难以处理的。比如一些静止物体，像高速公路维修时用的雪糕筒，还有静止的工程车，因为形状和一般的车辆不太一样，所以系统目前并不能完全识别这些物体。辅助系统使用场景的矛盾也意味着，享受舒适和注意力涣散，有时候只有一步之遥。

谷歌母公司字母表公司（Alphabet）旗下的 Waymo 是一家研发自动驾驶汽车的公司，也是目前在自动驾驶技术领域最领先的公司。它原本也打算研发辅助驾驶的功能，但是在测试中发现了驾驶员很容易注意力涣散这一风险,所以就放弃了这个方向,主攻完全无人驾驶。

但更多的公司认为自动驾驶的进步应该是逐渐前进的,从一开始只能巡航,逐渐演变成自动变道,以及在高速公路、城市道路中使用,再到能够不断识别更多的情况,最终实现无人驾驶,这也是设置不同级别的初衷。而且每个过程都需要依靠充分的实践、测试、数据累积,才能前进,这也是特斯拉的想法。

所以从技术层面考虑,公司对辅助驾驶所采取的策略只是由于发展的路径不同,没有对错之分。Waymo能这么做,是因为它背靠Alphabet。但更多的公司,是需要这个技术的,需要在不同的阶段产生商业价值。而在目前的阶段,能实现大规模商用的,就是辅助驾驶。

但是这毕竟是一个涉及生命的安全问题,应该更谨慎、更保守,更多地设置一些预防措施。除了精准宣传使得消费者清楚地知道自己用的是什么,技术上也有进步的空间,比如在方向盘上加入脉搏检测等功能以确保驾驶员始终手握方向盘,以及在车内增加摄像头来判断驾驶员的目光看向何方。这些都有助于驾驶员的注意力集中,都应该是以后搭载辅助驾驶功能的汽车的标配,但如今还没有明确的规定出台。

商用车是当前更实际的应用场景

鉴于在乘用车上的辅助驾驶功能存在有关安全性的争议,那么除此以外，自动驾驶的技术还有什么商业化的出路？

首先补充一点关于辅助驾驶的商业价值。自动驾驶的终极商业模式，目前认为是无人出租车队，就是一个城市里人口的移动，除了轨道交通以外，就需要依靠各种各样的无人驾驶的汽车。然后出行人只要支付出行的服务费就可以了。

而现阶段的辅助驾驶功能，除了为无人驾驶积累技术能力，以及为先行的车提供卖点以外，本身也可以成为重要的收入模式。比如特斯拉，它就把自动驾驶的功能变成一个单独的配置，消费者可以选择一次性支付1万美元，或者每个月支付199美元的订阅费。国内的蔚来也采取了类似的做法，只不过购买辅助驾驶功能的价格稍微便宜一些，为每个月680元。已有很多分析师乐观地估计，5～10年内，这将成为特斯拉主要的利润来源。

除了辅助驾驶功能以外，出路之一还包括商用车领域。封闭环境下的商用车场景，比如机场、港口、矿场、工厂园区，是目前最现实的应用。这背后存在几个关键因素：首先是技术层面，鉴于封闭园区的路况相对比较简单，而且很多时候路线都是预设好的，所以这时候自动驾驶的系统不需要应对那么多突发状况；其次是已经成立的商业模式，上述这些场景都有很多货运车辆的需求，比如机场的托运、港口的集装箱货车等。

而即便这些货运需求都面临着人手不足的问题，对这部分需求的运营也需要花费每年数十万元的人力成本，甚至仅次于车辆本身的成本。那么这个时候，如果有无人驾驶的技术，就可以一劳永逸地解决这个问题了。

一般来说技术的提供商,都是一些自动驾驶创业公司,他们会和卡车制造商合作开发能自动驾驶的、为具体场景定制的车型——有点接近于改装的模式,提供商也会负责运营、测试。对于创业公司来说,从中收取的就是技术合作的费用和运营的费用。当然现在也有模式,就是一年买一个打包的服务,对机场港口来说,只要这笔钱低于人力成本,就都是合算的。

自动驾驶和很多技术一样,要想将其商业价值最大化,就要频繁地被使用。在货车领域,最频繁的就是公路上行驶的卡车。比如像2021年上市的图森未来,还有国内的嬴彻科技、主线科技等,他们都把主要的精力放在自动驾驶卡车上面,而且主要做的就是所谓的干线物流,也就是在高速公路上行驶的卡车的自动驾驶。这部分的商业逻辑和前文的封闭场景比较类似,核心的价值也是降低人力成本。因为过去卡车开长途,为了安全,都是要配备两个司机作为搭档轮流开,例如欧洲都是有强制休息的规定,到点必须停车换人。那么有了自动驾驶,或许就能在干线上少雇一个司机,这不仅可以节约人力成本,并且还能降低管理成本和潜在的交通事故风险。

自动驾驶技术的长期课题

目前有许多创业公司声称自己的终极目标是做无人出租车,但实际情况是他们都先选择了货车的商业化项目。也就是说,货车自动驾驶的商业化情况可以简单总结为：在无人出租车的前景尚不明朗的情况下，自动驾驶在商用车场景的应用更可行，其整体的商业模式也更为清晰。

但是自动驾驶技术在货车上的应用还是会面临各种安全问题。

法规和监管在这个过程当中十分重要，毕竟很难严格要求厂商自觉遵守规定。例如中美两个最大的汽车市场，几乎同时加强了对自动驾驶的监管。工信部要求，涉及自动驾驶技术的软件倘若需要在线升级，都必须经过审批，不得自行升级；而在美国，公路交通安全管理局已经开始调查特斯拉的自动驾驶系统，包括过去几年与之相关的安全事故。

从消费者的角度来说，这肯定是好事，只要监管得当，其实能够改善辅助驾驶带来的潜在安全风险。而从企业的角度，首先需要避免任意的夸张宣传；其次就是需要意识到自动驾驶系统的更新，也会受到一定的限制。

过去汽车业更新缓慢的一个重要原因就是要确保安全，所以引入一个新的零部件供应商，可能需要花费 2～3 年的时间，因为要经过严格的车规级认证，要保证零部件可以在汽车上长期、稳定、安全地发挥作用。

如今车上的在线软件更新很受大众欢迎，但是一旦这个软件更新涉及安全和驾驶，那便不能像在手机上更新软件那么简单，必须严格保证安全。

随着软件在车上的价值越来越重要,针对相关问题的质疑和焦虑也会日渐增多,比如通信的安全、数据的安全等。而对于自动驾驶技术而言,创新与安全之间的平衡,将会是一个长期课题。

被嫌弃的吸管的一生

2021年吸管被纳入了国内"限塑令"的范畴，传统的塑料吸管一下子成为众矢之的，变成一个"被嫌弃"的东西，要被可降解吸管全面取代。

我们国家的限塑令上一轮大规模限制的是塑料袋，那是个应用极其广泛、市场规模极其庞大的行业，相比之下吸管其实是个小生意。最早限制塑料袋的时候，普通消费者的反馈还是比较积极的，购物时有些人会改用布袋和无纺布袋，甚至是菜篮子、小推车，另外一大部分人会随身多带个塑料袋。

而吸管是一个原理简单、制作方便、非常好用的东西，算得上是一个很精妙的设计。而且它的使用场景又有点特别，比如遍寻家里很可能找不到一根吸管，但又随处可见——几乎每杯奶茶和咖啡杯子上都插着一根。

吸管的故事本身就很有趣，在了解了这些故事之后，再去看待限制塑料吸管后的影响，可能会从新的视角，做出新的判断。

公共卫生需求加速了吸管的发展

关于世界上第一根吸管的由来,考古学的判断是:世界上最早的吸管在5000多年前,就在两河流域下游的苏美尔城里出现了。考古学家在进行墓穴发掘的时候,发现了一根用金子和青金岩做成的吸管,再根据画在墓墙上的生活场景,推断当时大家是会用吸管来喝酒的。那时候酿酒还不是如今工业酿造的模式,罐子底下很大一部分都是发酵剩下来的残渣,用吸管能避免糊嘴。

不过人类与动物的差距不仅在于发明工具,还在于改进工具。早期的吸管很多来自自然材料,比如中国古代也会用中空的芦苇秆来喝酒。而真正作为工业产品的吸管,要到19世纪80年代才出现。

当时有一个叫马文·史东的美国商人,喜欢在夏天喝冷饮,但是他用的吸管是黑麦秸秆做的,很容易在饮料里折断。马文就从香烟的包装设计里找到了灵感,将纸在铅笔外面卷了几圈,再用胶粘牢,这便是世界上第一根人造吸管的原型。所以现代意义上的吸管,最早就是纸吸管。

1888年,马文为这个发明申请了专利,到1890年就干脆自己开设了工厂,专门生产纸吸管,而且在报纸上尽力推销。1937年,另一个叫约瑟夫·弗里德曼的发明家对纸吸管又做了改进,他把一个螺丝卡到吸管里压出螺纹来,笔直的纸吸管就容易弯曲了,这种吸管对于卧床的病人来说尤其方便。

马文发明吸管这个事件,实际赶上了美国城市化过程中的一个绝佳的时间点。当时很多人搬去城里工作、居住,休息时候想要找地方聚会聊天。当时美国的街头和工厂里有一种装置，叫苏打水喷泉，类似于我们现在一些公园里设立的公共水龙头，但会在直饮水里加点汽，这就是可口可乐流行之前最受欢迎的软饮料。

但是这个苏打水喷泉的设计有个问题，就是怎么喝，用嘴直接喝还是很不雅的，所以一般会拿铁链绑一个杯子挂在旁边。想象一下，街头来往的陌生人共同使用一个杯子不仅不卫生，还很容易导致传染病流行。

而吸管就极大解决了这个问题，所以吸管的生意立刻变得十分火爆。1911年，又有人设计了专门盛放吸管的盒子，按一下取一根，类似于麦当劳吸管盒，进一步保证了饮用的卫生。

吸管这个产品早期的流行，其实跟公共卫生的发展有着千丝万缕的联系，大家出于健康原因才选择了吸管。当然也因为吸管具有便捷和廉价，以及容易生产的特点。当时市场上除了马文的工厂，还出现了几个专做纸杯和吸管的公司。在1901年的时候，美国一年吸管的产出量为1.65亿根，到1924年，这个数字直接变成40亿根。[1]而当时的美国人口才1亿出头，相当于摊到每个人头上，每年每人的吸管使用量就是30多根。

席卷全球的快餐文化推动了吸管的进一步流行，大型跨国企业统一了服务标准，吸管作为饮食套装的一部分出现在所有现代化餐厅里。

1　数据来自：C'mon, California_ Suck it up and keep the drinking straw – Chicago Tribune.pdf。

雷蒙·克劳克（Raymond Kroc）在接手麦当劳，并把它转化成一个伟大的商业模式之前，本职工作就是一个纸杯厂的推销员，不仅卖纸杯也卖吸管。20世纪30年代，吸管已经变得非常廉价了，9美分就可以买到100根，但是纸杯的价格依旧昂贵，大家还是习惯自己带个杯子去吃饭。克劳克在美国南部发现并看中了麦当劳餐厅的快餐模式，就加入了这个公司，顺便代表麦当劳开始大量采购纸质包材和吸管。

麦当劳为了提升用餐效率，在包装设计上其实做了很多改进，比如汉堡包的纸盒设计就是个经典案例。但在吸管上，最大的改进其实是材料本身，即从纸吸管到塑料吸管的升级。

有个说法是，因为麦当劳创始人的一个侄子后来进了塑料公司工作，才导致了塑料吸管被麦当劳大规模使用。不过实际情况是，到麦当劳开始扩张的20世纪50年代，全世界都已经着迷于塑料这种新材质，塑料行业的生产量可能一年就会增长10倍，波及吸管这个小产品，实在是非常正常的。

早期的纸吸管当然也容易变软，在塑料出现之前，行业里常见的解决方法是在吸管内壁涂一层蜡。这个做法在当时还算勉强，但有了塑料之后，纸吸管的劣势逐渐明显。比如快餐行业改用塑料饮料瓶盖后，纸吸管因为不够硬，就很难瞬间戳透盖子上的十字开口，但塑料吸管就可以。很快，以前做纸质包材的工厂纷纷转型，改用塑料。

没有塑料，就没有便利的现代生活

　　塑料吸管的主要材质 PVC（polyvinyl chloride），中文名字为聚氯乙烯，这种塑料的原料之一乙烯，其产量可作为一个国家工业实力的标志。

　　塑料的大规模使用，是 20 世纪下半叶制造业的一个重要变化，如今我们如果看全球塑料年产量这个指标，一般单位是要以亿吨来计的。但是在讨论塑料吸管之前，要先厘清关于塑料的几件事情。

　　首先，塑料和石油工业的关系的确非常紧密，目前有 90% 以上的塑料取自化石原料。不过，生产塑料目前只花掉了地球上 6% 的石油消费量，其中一半进入最终产品，另一半用在热能供应上。6% 这个水平，其实和全球航空业的耗油量是接近的。不过也有人认为，如果塑料行业继续发展，到 2050 年在石油消费量中的占比就会升至 20%。

　　其次，塑料的应用范围非常广泛，很多塑料被用在了想象不到的地方。比如一辆小汽车，它 15% 的重量来自塑料；一架波音梦想客机里，更是有一半材料都是塑料。塑料包材，也就是箱子、包装袋、瓶子、保鲜膜、吸管这些，是塑料的一个重要使用场景，大概占到塑料使用总量的 26%。

　　再次，塑料被大量做成包装材料，是因为它本身的属性非常出色。塑料很轻，可以被做成任意形状，在很高的温度范围内性质都很稳定，而且生产过程工业化程度很高，价格可以做到极低。一个欧洲的塑料行业统计显示，其他包材要想达到塑料的包装效果，价格一般是塑料方案的 3.6 倍；而同等重量的其他包材，在全生命周期内排放的温室气体总量是塑料的 2.7 倍。

最后，塑料在全球的使用量分布是很不均衡的。《纽约时报》在 2021 年的一个报道中提到，每个美国人一年内平均要用到 50 公斤的一次性塑料产品，而中国人的一次性塑料消费量是美国的 1/3，印度只是美国的 1/12。

一般人好像会觉得，塑料是石油工业的产物，所以跟石油本身一样很不环保。但实际上情况是很复杂的。比如单从排放的视角来看，如果我们现在讲碳达峰、碳中和，似乎反而应该多用一点塑料才对。这个要看具体的计算方法，不同的算法、视角，都会产生不同的判断结果。塑料也是在这种复杂性中被逐渐污名化的，而具体到塑料吸管，它会被限制实际上是因为一个具体的画面。

2015 年，一个得克萨斯农工大学的学生为了完成博士论文，去哥斯达黎加研究海龟，结果她和同伴找到并解救了一只鼻孔里卡了一根吸管的海龟。这个过程被拍成视频，在油管上成了爆款，吸管紧紧贴着海龟鼻孔内壁的镜头，唤醒了很多人的环保意识。

海洋中的塑料垃圾，其实是塑料污染问题中矛盾最突出的一个角度。前文列举了很多塑料在生产和使用环节的优点，但没有提及后端处理上的难度。世界经济论坛在 2016 年联合艾伦·麦克阿斯基金会和麦肯锡发布的一份报告显示，2013 年全球塑料的整体回收率只有 14%，远远低于纸和钢铁；有 14% 的塑料被送去焚烧、回收热值；40% 的塑料被填埋，另有 32% 直接流向自然系统。对海龟以及整个生态系统有直接危害的，其实是这最后的 72%。[1]

塑料的回收率如此之低，背后其实是因为塑料本身在回收之后的价值就不大。以包材塑料为例，使用一次之后，这些塑料平均就会损失 95% 的价值，而回收处理塑料所花费的成本、能耗，一般都会高于从石油中直接生产。这就是我们日常生活中会出现那么多"一次性塑料"的原因。

当然，问题的另一面也是我们自己造成的，就是塑料包材本身为了追求质感，或者达到特殊功能，开始大量使用多层材料，或是复合材料。这就像是衣服中普遍使用的混纺材料，或是涂了塑料层的纸杯，越复杂就越难以进入循环体系。生活中常见的饮料瓶，回收率其实不低，原因就在于它几乎都是 PET 材质的，瓶子与瓶子之间没有太大的本质差别。

具体到塑料吸管，2017 年海洋保护组织（Ocean Conservancy）的调查显示，在海洋塑料垃圾里，吸管所占的比例大概为 5% 到 7.5%，并不是很多。但可能是因为海龟的故事冲击力过强，塑料吸管很快就变成了和塑料袋几乎同等罪恶的案例，开始被全世界各地抵制或限制使用。

---

[1] World Economic Forum and the Ellen MacArthur Foundation. The New Plastics Economy: Rethinking the Future of Plastics[R/OL]. [2022-08-09]. https://www.ellenmacarthurfoundation.org/the-new-plastics-economy-rethinking-the-future-of-plastics.

本意向善的限塑令

最近的 10 余年间，欧洲、美洲的几乎所有发达国家都在倡导限塑的概念，中国的积极性也很高。

中国的限塑令来得其实非常早，最早一版在 2008 年就已经推出了，但当时强调的是"不得免费提供塑料购物袋"，以及"不得销售不符合国家标准的塑料购物袋"，也就是超薄型塑料袋。从免费到收费的这个变化，实际上还是希望用市场机制来降低塑料袋的使用量。

而涉及塑料吸管的这一轮限塑令，是从 2020 年 1 月发布的《国家发展改革委 生态环境部关于进一步加强塑料污染治理的意见》（下文简称《意见》）开始的。这轮限塑令的管制主体包括 4 个方向：塑料袋、塑料餐具、酒店行业的一次性用品，以及快递的塑料包装袋。其中，除了第三条之外，针对剩下三个方向的要求都不是从免费到收费，而是要改变材质，要用可降解塑料。

《意见》中"全国范围餐饮行业禁止使用不可降解一次性塑料吸管"这句话，使得对一次性塑料餐具的限制"首当其冲"。而且，留给餐饮行业转轨的时间只有 1 年，到 2021 年，其实已经可以看到因为这个问题被罚的企业了。

在研究吸管产业规模的时候其实也可以发现，针对吸管的限塑令还有一个不小的漏洞，就是餐饮渠道的吸管用量实际只占行业产量的四成，剩下的大头实际是附赠在盒装冰红茶等利乐包上的"工业配套产品"。

简单来说,在近些年里,密集地看到各大餐饮品牌推新式吸管,不是因为它们突然都意识到了环保的重要性,而是因为强制要求。当然现在中国品牌的营销水平都很高,但在消费者看不到的地方,品牌为了改用符合"可降解"要求的吸管,其实压力是很大的。

PLA(polylactic acid,聚乳酸)也是一种塑料,但它的原材料是植物淀粉和蔗糖,可以在特定条件下通过微生物作用被降解。PLA也是目前市面上少数几种符合"可降解"要求的塑料材料之一,而且因为它和石油没关系,在概念上天生更受欢迎。

传统的塑料吸管材料主要是 PP(polypropylene,聚丙烯)塑料,在 80℃ 以下都能保证性质稳定,且工艺成熟,成本可以低到 1 分 1 根。但是纯 PLA 材质在 50℃ 左右就会变形,而且韧性不够,比较脆弱,插进奶茶里,可能稍有弯折就吸不上来小料了。所以,目前茶饮品牌使用的 PLA 吸管普遍改良过材质,掺入了一些可以增加韧性、提升耐热性的石油基可降解材质。

其实还存在一个很显著的问题,普通消费者在扔垃圾的时候,很难判断出这个"可降解"塑料应该被归到哪一类。如果处在和湿垃圾一样的堆肥状态下,PLA 塑料的降解是相对容易的。中国的大城市这几年也都在推行垃圾分类,但各地的分法不同,如果把吸管扔到湿垃圾里,很可能是会被指责的。

从直觉上,消费者也会认为 PLA 就是塑料,而塑料就属于干垃圾或可回收垃圾,这是我们后端回收流程上很难细化解决的问题。

在美国洛杉矶和波特兰市的限塑令中，就把这种可降解吸管和普通塑料吸管一起禁止了，因为本地没有配套的处理措施。

PLA 这个材料相比于成熟的石油工业副产品来说，还是很新、很小众的一个市场。目前生产 PLA 的最重要原材料是玉米淀粉，而饲料、制糖业对于玉米的消耗同样非常大。如果大规模推广，不只是吸管，连塑料袋都要用 PLA 材质的话，玉米很可能会变成一个非常紧俏的大宗商品。

最近几年吸管改材料的需求，就能让原材料市场产生波动。2018 年 PLA 的成本价还是 1.8 万元一吨，到 2019 年底就涨到 3 万元了，2020 年内甚至一度冲到 5 万元。3 万元一吨的原材料成本，做出来的吸管一根就要 5 分钱，相当于传统塑料吸管的 5 倍了。

从吸管改用 PLA 材质的这个例子就可以看出来，一个本意向善的政策，如果采用了激进的落地策略，对于没有准备好的市场而言会带来多大的影响。当然，也相信这个波动和价格差距是暂时的，问题是可以解决的。

替代吸管的新杯盖，会用到更多塑料

其实还有一个方案，就是直接把吸管解决掉。比如星巴克和麦当劳，都在推新的杯盖设计，不用吸管就能喝到饮料。

星巴克是从 2019 年小范围测试带一点凸起的新型杯盖的，2020 年开始向全球范围拓展。星巴克自己说，这个杯盖除了不用吸管，还有两个好处：一是采用了完全可以回收的 PP 塑料材质；二是减少了塑料用量，每个新杯盖比原来"杯盖 + 吸管"的组合可以少用 9% 的塑料。

不过针对第二点，很多环保机构和塑料行业的从业者都表示过质疑。一个说法是，用了新杯盖的星巴克饮料，平均每杯实际增加了 0.93 克的塑料用量；另一个说法是，这个杯盖凸起的部分所用的塑料，就可以生产 5 根吸管。还有一个特殊情况，就是针对星冰乐这种顶上带奶油的产品，星巴克还是会给顾客一根吸管。

所以说"干掉吸管"这件事，虽然星巴克和麦当劳已经迈出了第一步，但还有很长的路要走。本质上还是因为吸管这个产品过于优秀，很难被其他更简洁的方案取代。

前文介绍塑料的时候提到，全世界很大比例的塑料制品，其命运就是被"一次性"使用。这是塑料产业很受诟病的问题，但是在新冠疫情期间，大家又不得不重新接纳这一点。

PBS（Public Broadcasting Service，公共广播协会）的报道团队在 2020 年 7 月，也就是美国疫情开始大暴发的时候，勇敢地出门做了调查。他们发现，原本超市中少见的塑料袋都回来了，咖啡馆也不能用消费者的杯子帮他们打咖啡，只能大量使用纸杯和吸管。我们也很容易想到中国在疫情最严重的时候，实际产生了大量的废弃口罩。作为医疗用品，它其实理论上也必须被"一次性"使用。

可以说，吸管这个小小的发明，在过去 100 多年的时间里，经历了很大的命运起伏。当然可以去探讨乃至去指责它所代表的"一次性塑料"问题，因为这就是塑料工业的原罪之一。但如果是为了朴素的环保态度，就将大量的政策压力和新材料测试，放在这么一个小的场景上，似乎不是最好的做法。

吸管虽然小，但却是一个很好的入口，可以帮助我们去观察材料变革和公共政策是如何影响商业社会的。在反对吸管，或是任何其他大众化商品的时候，我们如果能再多了解一些，可能就会知道我们所反对的，到底是一个怎样复杂的系统成果。

办奥运到底赚不赚钱

奥运会的商业价值已经成为一个周期性的话题，在每次举办相关奥运赛事的时候都会被拿来反复讨论。所以，奥运到底是一门怎样的生意？而我们在谈论办奥运是否赚钱时，主语到底是谁？

谈论经济收益时，"奥运"到底指的是什么

当我们谈论奥运的商业收益时，主要有两个主语：一个是国际奥林匹克委员会（International Olympic Committee，IOC，下文简称国际奥委会），它是一个非营利性质的国际组织，按照官网的说法，它是领导奥林匹克运动的最高权力机构。第二个主语是单届奥运会的奥组委，往往由主办城市和主办国家的相关人员组成。我们经常讨论的某某城市办奥运亏不亏钱，主要的标准其实是参考奥组委的收支。

一届奥运会的收入主要包括：首先是贩卖电视转播权；其次是各级赞助商的赞助费，以及门票收入。

其中转播权，是完全归属 IOC 的。各级赞助商的赞助费分两种，一种来自奥林匹克全球合作伙伴（The Olympic Partner，TOP），也就是所谓的顶级赞助商，它们享有全球范围的各项奥林匹克运动相关的品牌权益，往往都是由各行各业规模最大、最有声望的公司担任，比如可口可乐。这些合作伙伴与 IOC 之间的合作一般长达 3 个奥运周期、横跨 12 年，每一个奥运周期，就要支付至少 1 亿美元的赞助费，而且价格还在不断上涨中。现在最年轻的全球合作伙伴是阿里巴巴。这部分合作伙伴的赞助费，大部分也是归属 IOC 的。而另一种赞助商，即每届奥运会的本地赞助商（二级和三级），以及门票的收入，主要是给奥组委的。

光是贩卖电视转播权和全球合作伙伴的赞助费这两项收益，就占了 IOC 收入的九成以上，剩下的是一些零碎的权益。这些收益有多少呢？在 2013—2016 年里约奥运周期时，这两项主要收益为 57 亿美元。[1] 而在平昌冬奥和东京夏奥的周期，这个数字其实更高，比如仅美国地区的电视转播权就有 23.8 亿美元，[2] 奥林匹克全球合作伙

1　International Olympic Committee. IOC Annual Report 2017 Credibility, Sustainability, Youth. [R/OL]. (2018-09-24）[2022-08-09]. https://stillmed.olympics.com/media/Document%20Library/OlympicOrg/Documents/IOC-Annual-Report/IOC-annual-report-2017.pdf.
2　GROHMANN K. NBC Wins TV Rights for Games until 2020 [EB/OL]. (2011-06-08)[2022-08-07]. https://jp.reuters.com/article/us-olympics-broadcasting-us-idUSTRE7565EH20110607/.

伴的顶级赞助商费用有22.8亿美元，[1]这还没算上中国、欧洲、日本等国家和地区的电视转播权。

当然可能会有人问，IOC不是非营利国际组织吗？根据现行的规定，IOC收入的10%用来维持组织日常运营，剩下的90%用于开展和推广奥林匹克运动。什么是推广奥林匹克运动？其实就是要把收入分给各项运动的国际联合会，分给运动员，分给每届奥运会的组委会，以及分给各个国家的奥委会。

从这个意义上说，IOC并没有自己赢利。但是它拥有一笔巨大收益的使用权，它可以决定很多事情，对奥运会会产生绝对的领导影响。这涉及一个核心问题，就是国际奥委会牢牢把住了与奥运相关的核心权力，它通过变现奥运的掌控权，从而达到继续加强自己领导权的目的。

萨马兰奇的奥运大逆转

IOC是怎么获得权力的？一个核心的转变就是所谓的萨马兰奇改革。《奥林匹克大逆转》一书便描述了奥运会如何通过商业化的改革，让自己有了充足的财力，由此实现了奥运的复兴。而这个过程的核心人物，就是萨马兰奇，上上任的国际奥委会主席。现在都公认他

---

[1] International Olympic Committee. Annual Report 2021 Faster, Higher, Stronger-Together [R/OL]. (2022-05-20）[2022-08-09]. https://stillmed.olympics.com/media/Documents/International-Olympic-Committee/Annual-report/IOC-Annual-Report-2021.pdf.

是除了顾拜旦，也就是现代奥运奠基人以外最伟大的 IOC 主席。

《奥林匹克大逆转》的作者麦克尔·佩恩，是这个商业化改革的重要参与者。麦克尔很擅长体育营销，和很多大公司都有过合作。在完成奥运的相关任务后，他还加盟过世界一级方程式锦标赛 FIA（Formula 1 World Championship，F1），负责营销和赛事推广。

此前一直有个说法，世界三大全球性赛事是奥运会、世界杯、F1，因为这三大赛事在全球拥有绝对的影响力，并且商业价值也是最高的。虽然可能美国的橄榄球、NBA、棒球和英国的英超等，商业价值也很高，但是它们没有可与之媲美的全球影响力。

1980 年，萨马兰奇当选 IOC 主席的时候其实正值组织风雨飘摇之际——IOC 就快要失去对奥运会的掌控力了，甚至连奥林匹克运动会的名誉、地位，也变得岌岌可危。那时候正处于冷战时期，政治因素严重影响了奥运会。1980 年莫斯科奥运会有很多国家由于抵制没有赴会，其影响延伸至 1984 年，当时洛杉矶还有美国联邦政府都不愿意花钱承办，而最终是一个私人建立的组织得到了奥组委的授权，通过赞助的支持才顺利举办了奥运会。

IOC 从此次事件中受到很多刺激和启发：原来奥运会这个活动和品牌，价值是如此之大，却一直没有被有效利用和开发。此前的情况是，由于奥运品牌过于分散，很多赞助商若想赞助一些奥运会的内容，需要和各个国家的奥委会、当届的奥组委分别签订合约，此事的复杂程度可想而知。并且早期奥运会一直强调纯洁原则，要免除政治和商业的影响，甚至提出体育应该是业余的，不是职业的，不应用于营利目的。这个可能是比较原教旨的奥林匹克的思想,但是略微曲高和寡。

所以萨马兰奇就在上述背景下开始了商业化的改革,主要就是确立了前文所提到的电视转播权和全球合作伙伴这两个收入引擎。但是要实际执行起来是很艰难的,首先要确立自身的奥林匹克最高代理者的身份,获得各个奥组委的认可。其次,要同各个国家与地区的电视台、实力最雄厚的公司进行商谈,极力推动相关合同与赞助的确定。一系列改革最后的结果就是,到了1988年至1992年的时候,奥运会的商业化项目已经颇为成熟。奥运会也变得规模更大、比赛更精彩,越来越多的城市以举国之力竞选申办奥运会的资格。国际奥委会的收入也呈现出一派欣欣向荣之貌,而且旱涝保收,不管是建造体育场,或是筹办赛事,都不会影响IOC的正常运作。

这个过程除了萨马兰奇等核心人物的改革以外,也有很多历史的脚步推波助澜。比如20世纪80年代,冷战的氛围终于缓和,政治不再那么干涉奥运会了;电视的普及和大发展,使得奥运会顺利拥有转播和合作伙伴这两个财源。甚至可以说,如今商业运营得好的体育赛事,不论全球的还是地区的,都是乘上了电视这个行业的东风。还有个例子可以展现电视对奥运的影响,原本奥运会是14天,在1988年的冬奥会上变成16天,目的就在于观众可以利用多出的这个周末看电视。当然,时代始终在变化之中,随着互联网的发展,新媒体层出不穷,已经不需要电视作为推手了。

主办城市的"同心圆"账本

如果把视线从 IOC 转到了奥组委方面，问题就变得更复杂了一些，收益情况也没有 IOC 这么旱涝保收了。每届奥运会的组织委员会，基本都是由主办城市的官员和各界人士来组成的，比如 2020 年东京奥组委的组成，主席就是政府的官员桥本圣子，再由各界名流充当理事，包括一些体育明星、体育组织的负责人、政府官员、大型企业的老板和一些似乎不太相关的人。

这些都是明面上的成员，而实际筹办、运转奥运会的奥组委，其实可以理解为一个有限定期的政府部门。因为一个城市要主办如此庞大的赛事，基本上都是需要政府牵头的。而我们经常说的某届奥运会赚不赚钱，很多时候其实就是指这个组织的账目，是盈是亏。

每届奥组委，按照规定都要公开与奥运相关的支出和收入，东京奥运会也不例外。

东京奥运会的收支表首先列出了奥组委自身的收入和支出，结果数字是持平的，都是 7210 亿日元，换算一下大概是 65 亿～70 亿美元。[1]

奥组委的收入主要由什么构成？首先，IOC 的补贴就有 8 亿美元，其次是全球合作伙伴的赞助费 5 亿美元，第三部分是来自本地的赞助商大概 33 亿美元，还有 9 亿美元门票，其他都是一些杂项了。

奥组委支出主要包括软件、硬件两个部分。比如说临时的设施、

---

[1] 按 2021 年 1 月 1 日的汇率估算。

座椅之类，还有能源费、电费、油费等，这些硬件费用会达到13亿~14亿美元。软件部分比如接待、安保、日常运营等各项较为杂乱的费用，就是组织大赛的各种实际的开支，为将近50多亿美元。

为什么收支表最后的结果显示收支是平衡的呢？因为在收入部分中，还包括一小块叫作收支调整额的项目，由东京都政府出资，另外一项是预期的额外收入，这两部分加在一起就有7亿~8亿美元。

虽然东京奥运会收支表中的收支差别很大，但是其中记录的支出只是奥组委的支出。换句话说，就是运营奥运的直接成本。而我们日常概念中的奥运投入，其实还包括永久场馆的建设，以及不与奥运直接相关的组织运营的费用。在东京奥组委的官网里，这些费用被列为"其他经费"。这个其他经费有多少呢？将近9000亿日元，也就是80多亿美元。另外，东京奥运会还有个特殊之处，就是产生了1000亿日元、换算成美元为9亿多的新冠疫情的应对经费。

这些其他经费主要由东京都政府和日本国政府承担。总之，2020届奥运会，奥组委、东京和日本，一共能收到65亿美元，却要支出150多亿美元。这个预算已经是奥运会第五个版本的预算案了，不过和2016年的第一个版本相比，其实总额没有太大的变化，只是具体的项目有些变动。比如IOC的补贴，还有赞助商的分成，都多给了东京一些。

而预算与申办时候的预期相比，就相差甚远，申办时候的预期是支出70多亿美元，基本是可以收支平衡的。但是在大会筹办的软件方面，比如安保、运输、运营、管理等，增加了近50亿美元的投入，硬件也多了 18 亿美元。当然因为疫情，门票收入与疫情的应对费用此消彼长，又亏损了近 20 亿美元。

不过其实与奥运不直接相关的，但是受奥运影响的开支比如城市基础设施的更新，不会算到奥运的账目里。北京奥运会的时候，官方的收支都是 86 亿美元左右，是基本持平的，但是这里面应该没有算上北京修地铁、改善基础设施的费用。

所以对于主办城市来说，办奥运到底亏还是赚的答案应该这样理论：如果只看奥运会的组织本身，最近的东京，上一届的里约，以及伦敦，实际都是亏损的，因为支出最后超过了预算。但是将眼光放长远一些，就会从中看到很多时候城市其实是想借助奥运来激发整体经济活力，即达到城市更新的效果。

奥运带来了很多游客，这也不会算到奥运会的收入里，但确实可以给城市里的酒店、餐厅带来收入，也增加了政府的税收。比如奥运村和奥运园区，在办完奥运后就会摇身一变，成了一个新的城市中心。奥运会的投入是几个同心圆，最核心的是与奥运赛事本身直接相关的账目，外面一圈是与奥运会筹办相关的城市投入，最外一圈，是这个城市借助奥运会所付出的投入。核心圈的账，我们能算得明白；外圈的账，却很难理清，但往往更重要。而且，这几个同心圆，具体在账上怎么划分，是可以调整的。

"蒙特利尔陷阱"和"巴塞罗那效应"

了解了奥运是否赢利的细节,还要全面了解举办奥运会对主办城市带来的影响,包括正面和负面。

第一个负面案例叫作"蒙特利尔陷阱",得名于1976年的蒙特利尔奥运会。当时加拿大与蒙特利尔都希望依靠奥运会的契机振兴国内与当地的经济,于是便斥巨资建设大型场馆,一个主会场的预算就高达28亿美元。结果奥运会办了15天之后,也没产生特别的长期效应,主办方还欠了10多亿美元的债。于是,政府只能发布奥运特别税让民众一起来"背锅",直到2006年全民才彻底还清债务。

蒙特利尔奥运会的亏损严重影响了之后城市对奥运会的申办热情,也使得洛杉矶奥运会失去了政府支持,最后由私人机构来主办,不承想这反而激发了奥运会的潜力,也直接促成了前文提过的萨马兰奇的大改革。

第二个案例,叫"巴塞罗那效应"。1992年巴塞罗那奥运会上,政府大兴土木,把整个城市整修一番,将巴塞罗那变成了欧洲最受欢迎的高端旅游目的地和宜居城市样本。这些后期的影响,远远超出奥运承办时的支出。巴塞罗那后来也变成了一个标杆,凡是一个过去不是很发达的国际大都市想要申办奥运会,它的最常用的营销话术就是"我们要重现巴塞罗那的奇迹"。

由此可见,整个经济的周期、城市的更新方向,都会对一个主办城市的后奥运效应有巨大影响,并非"投入=产出"或者"投入＝亏损"的简单等式。

总之，作为商业模式的奥林匹克运动，IOC集权过于厉害之后，可能会削弱主办城市的积极性。毕竟，不是每个城市都愿意承受亏损几十亿美元的代价，去畅想一个城市大发展的蓝图，尤其是在经济不景气的时候。这也使得申办奥运会的城市越来越少，所以奥委会其实也在出谋划策，比如增加对奥组委的支持补贴等。

在这两个最直接的角色以外，我们在谈论奥运会的商业收益时，有一些比较容易被忽略的角色，其实它们也是直接相关的，就是一些主要的永久场馆的所有者。因为这些场馆，还有奥运村，经常是花钱最多的部分之一，而这些资产的所有者其实各不相同，它们到底赚不赚钱，也是一个问题。

这主要涉及后奥运的运营问题，同样错综复杂，而又举足轻重。比赛本身并不会产出什么，但因为人类喜欢体育、喜欢运动，所以奥林匹克这个品牌也就变得极其有价值。当全世界的体育明星聚集在一起带来巨大关注度的同时，任何品牌价值想要变现，想要转变成实实在在的收益，都没有那么理所当然。

学外语和验证码有什么关系

多邻国（Duolingo）是全球最流行的语言学习软件之一，它拥有超过5亿的注册用户、4000万的月活跃用户和近1000万的日活跃用户。它拿到过谷歌、泛大西洋的投资，在2021年7月正式于美国纳斯达克挂牌上市。

和常见的背单词软件相比，它比较像升级打怪的游戏，比如让用户填词、选正确的读音，打乱句子的单词顺序再重新排序，还有翻译一句话之类的。同时，它还会根据用户的学习进度自动调整后面的课程，是个挺适合入门级别的人学习外语的工具。

在这之后，多邻国还延伸了一个业务，便是开始做语言水平认证，目标是取代托福、雅思。学外语这个事情虽然不是刚需，但确实有很大的市场，若是在这个市场能做到最大的覆盖面，并且锁定赢利的关键点，肯定是门不错的生意。

多邻国的创始人路易斯·冯·安是卡内基—梅隆大学毕业的计算机科学博士，主攻的是密码学领域。

虽然路易斯现在是以多邻国创始人闻名，但他影响力最大的产品，不是多邻国，而是验证码，就是我们登录各种网站都要用到的那些歪歪扭扭的数字或者图片。而这一段创业经历，也直接影响和促使了多邻国的诞生。

用于识别人类的验证码

验证码（CAPTCHA）是路易斯在卡内基—梅隆大学读书的时候做的一个项目。当时是 2000 年，很多网站的站长有一个普遍的困扰，就是市面上出现了很多自动化注册程序注册了大量垃圾账号，对网站运营影响很大，而且也产生了经济损失，比如黄牛抢票之类的。在互联网还是完全匿名制的时候，确保账号背后是个活生生的人，变成了一个急迫的需求。

在这个背景下路易斯就发明了验证码，在注册或者登录的时候，用户必须输入一些歪歪扭扭的数字或者字母来证明自己是人类。这背后的核心其实是人脑和机器识别的问题，在当时的环境下，这些歪歪扭扭的字母，正好处于一个特殊的区间，就是人脑可以很轻易地识别，但机器不行。

就是如此简单的想法，解决了自动注册和自动登录的问题。验证码因此在全球风行。

问题很快就来了，验证码虽然管用，但是用户多有不满。每次都要浪费几秒钟去输入数字，有的时候用户看错了，网站还会对其人类的身份产生怀疑。如果每个人每天花在验证码上的时间是 10 秒钟，乘以当时使用验证码的用户假设为 2 亿人，那每天就会浪费人类 56 万个小时。

2007 年，路易斯发明了一个新产品 reCAPTCHA，是对验证码进行的改进，即做印刷品的电子化。reCAPTCHA 的做法是，用来验证的那些歪歪扭扭的字母，不再是故意扭曲的一串随机字符，而是来自真实的文献，比如 100 多年前的《纽约时报》。当时在全球范围内有一个共识，就是全面实现报纸、杂志等各种印刷资料的电子化。但是由于印刷存在模糊不清的地方，而将这些内容扫描下来，再通过计算机去识别的时候，总是会出现错误。

reCAPTCHA 的验证码看上去是一个整体，其实是两个部分：第一个部分是原来的 CAPTCHA，就是普通的数字和字母，第二部分则是从历史上的书籍、报纸、杂志、文献中截取的几个字母。如果用户能正确输入后一部分，那系统也会默认前一部分没有问题。

通过这个办法，每天人类浪费在验证码上的宝贵时间，瞬间变成了"志愿者行动"。2010 年，在 reCAPTCHA 发明 3 年后，《纽约时报》过去 110 多年的报纸，就全部完成了电子化。这件事情，与其说依靠着验证码技术，不如说是由当时的全体网民共同完成的。2009 年，谷歌收购了 reCAPTCHA，同样利用这个方式扩充了自家的图书项目，再次证明了群众的力量是强大的。

值得一提的是，这已经是路易斯第二个被谷歌投资的项目了。第一个是 2005 年路易斯还在读博士的时候设计的一个游戏，名叫 ESP game。游戏内容主要就是两个陌生人在网上同时看一张图片，然后使用几个词去形容它，如果答案吻合就得分，所以玩家会尽量选择最醒目、最重要的那些词汇。谷歌选择投资这个游戏，也是希望能够提高图片搜索的精确度。

路易斯这两个项目的思路都很类似，就是所谓的"互联网众包"。他利用互联网组织起了原本不可能组织起来的超大规模的人群，来共同完成一件一个人难以完成的事。如果你是一个互联网原教旨精神的信奉者，肯定会很欣赏这件事。一位用户的 10 秒钟，单独使用且也不用计费，可以看作是用户的举手之劳，但只要乘以亿级，它的工作能力会超出任何一个已有的公司。

路易斯在演讲中就说过："当你去对比金字塔和登月工程时，你会发现有个共同点：它们都只用了 10 万人。为什么不能用更多人？因为过去办不到。但现在互联网可以，互联网可以组织起上亿人。"他所说的其实就是互联网众包这件事。

其实放到现在，人工智能越来越发达，再去做文献的电子化，或者做图片搜索、翻译，也不再是困难的事。但是路易斯通过验证码展现的众包创意，这一能够撬动巨大能量的思路，还是让人拍手称赞。

被谷歌收购后，reCAPTCHA 这个工具也更新了，不再用古老的印刷文献来测试用户。现在用户登录一些网站，验证程序非常简单，就是询问："你是机器人吗？"用户只要点击"否"的按键便可顺利通过。当然有的时候用户需要进行图片的识别，例如从 9 张图里面选出有红绿灯的，或者选出有路标的，这其实都是在为道路识别做贡献。

众包这个思路，其实在程序员和极客圈子里也是很常见的事情，比如一些程序员开发平台，再比如译言网，就是一个众包翻译平台。这些都是聚焦某一个领域的专业人士众包，也可以说是一种"打零工"。还有一个广义层面的众包，但更像志愿者服务的项目，就是维基百科。

多邻国的诞生

卖掉 reCAPTCHA 之后，在卡内基—梅隆大学教书并且已经实现财务自由的路易斯总想着利用众包这个思路再创造些什么。在解决了全球文献电子化的问题之后，他想到了一个新问题：如何翻译全球的网页？

关于这个问题的源头，版本之一是：路易斯小时候是在危地马拉长大的，这个国家的官方语言是西班牙语。由于家境还算不错，路易斯就读于一家私立学校，而学校教授英文，这便为路易斯打开了新世界的大门，让他得以意识到其实很多同龄人因为贫穷没有能力和机会习得英语，人生的可能性被极大地限制了。这让路易斯坚定了消除语言鸿沟的想法。

当然，这个版本背后也有一定的现实基础，就是全球大多数文字信息，都是英文的。最好的内容，也都是英文的，但全球大多数人的母语不是英文。语言和语言之间的隔阂，在某种程度上带来不平等，也阻碍了信息的流通，降低了效率。

在计算机极客看来，这都是可以靠互联网解决的问题。所以路易斯就和他的学生塞维林·哈克一起研发了一个应用程序，让大家可以免费学语言。在学的时候，让用户做一些翻译，顺带就把一些英文的内容给翻译成别的文字了。这便是多邻国的诞生。

多邻国早期主要的收入来源，除了手机软件（App）上的广告，就是和一些新闻媒体的合作。比如 2013 年，美国有线电视新闻网和 BuzzFeed[1] 就跟多邻国合作，多邻国负责把每天的新闻从英文翻译成西班牙文。

不过这当中好像有个显著的悖论，就是怎么指望一个语言的初学者就做得好翻译呢？

这也是互联网众包思路比较巧妙的地方，即使每个人的翻译水平不高，但只要人数够多，翻译的内容质量仍然可以过关。多邻国测试过，将同一段需要翻译成德文的英文交给专业人员与数百名多邻国用户，形成的两个翻译版本并没有什么差别。当然前提是，这段内容不是特别高深复杂的专业内容。

除了人数多以外，这里还有个核心逻辑，就是每个学语言的人，还可以根据别人的翻译来修改自己的答案，这样大家就会迭代出一个最优答案。其实这个思路现在也成为一些翻译软件的核心逻辑。比如谷歌翻译，还有如今口碑不错的 DeepL 翻译，它们给出的翻译结果，其实都是经过很多人翻译过后选出的答案。

1　BuzzFeed 是美国的一个新闻聚合网站。

在路易斯最初的设计中，多邻国是个对用户永久免费的软件。因为用户在学习外语的时候，其实也在充当翻译劳动力，to B（to business，面向企业）的收入完全能覆盖 to C（to consumer，面向消费者）的成本。这个思路也帮助多邻国迅速开拓市场，因为当时流行的大多数语言学习软件，都不是免费试用的。

随着多邻国的用户量逐渐壮大，翻译这个事情对于多邻国而言，就没那么重要了。因为免费语言学习本身似乎就变成了一个很有前景的生意。

多邻国和其他同类软件相比，它的学习语言方式比较像游戏，简单易入门，再加上可以免费使用，使其在用户中大受欢迎。

在课程设置方面，多邻国最大的一个创新就是引入了互联网行业流行的 AB 测试。比如用户学习日语，按照标准日本语的过程，学完五十音也就是字母表之后，要开始学动词、名词了。但是先学哪些比较好呢？多邻国没有规定的答案，而是分成两种方案进行测试，根据用户的学习效果，快速更新课程。

随着用户增多，它也会聚集一批核心志愿者，为多邻国开拓更多市场，开设更多语言课程。2015 年多邻国正式开始研发克林贡语课程。克林贡人是科幻作品《星际迷航》里外星人克林贡人的语言，而且是一套完整的、可以用的语言。曾有一封来自多邻国工作人员的邮件这样写道："任何人都可以和克林贡人交流，无须宇宙翻译官的帮助。"同年谷歌投资了多邻国，这已经是路易斯第三个被谷歌投资的项目。

手机上考试就能取代托福雅思

多邻国如今的主要精力其实已经集中在外语教育上了,变成了一个在线教育公司。它的主要战略:一个是在全球扩张,一个是寻找赢利模式。赢利模式主要分两种:一种是付费会员,可以免除广告;另一种是有些特别的付费课程。目前全球有约 100 万人购买这类课程,这也是多邻国目前的收入大头。2021 年第一季度,多邻国营收是 5500 多万美元,其中 72% 是这 100 万付费用户提供的。[1]

还有一个更有野心的收入,便是语言水平测试。多邻国自己开设了一个英语测试系统,叫 DET(Duolingo English Test,多邻国英语测试)。目前这部分一年的收入不过 2000 万至 3000 万美元,但多邻国却寄希望于 DET 能在最大范围内取代托福、雅思。

DET 的核心优势是方便和便宜。用户可以随时随地、在手机和电脑上完成测试;另外,因为都是定制的考题,并且根据用户答题表现,系统会动态调整后面的考题,完成一次考试只需要 45 分钟。[2] 其次是便宜,用户只需要支付 49 美元就可以在 48 小时内拿到成绩。[3]

2020 年,全球托福考试因为疫情停摆,DET 趁势迅速扩张,获得了斯坦福大学等 100 多所美国高校的认可。DET 影响力倍增,这

---

1 多邻国招股说明书:https://www.sec.gov/Archives/edgar/data/1562088/000162828 021013065/duolingos-1.htm。
2 中国大陆雅思和托福的纸笔考试整体考试时间为 3 小时左右。
3 雅思纸笔考试可在考试结束后的第 10 个工作日查看成绩,托福成绩出分周期为 4～8 个工作日不等。

也是多邻国在 2021 年 7 月在美国纳斯达克上市的原因之一。

不过，从商业上看，多邻国要成为一个赚钱的公司还不是那么容易。2021 年多邻国在账面上依然是持续亏损的，虽然公司的营收在近几年涨了很多，但亏损幅度也在增加。这主要是因为在 App 的技术开发和市场拓展过程中，有很多成本是必需的。可以想见，这种情况还会持续很久。

更主要的问题是，作为一个以免费为基础的学习软件，多邻国能赚的，可能还是用户在语言学习过程中很少的一部分钱。多邻国主要针对的是成年人利用碎片时间学习外语的需求，而不是正规的课堂培训和训练。并且相比于真人教学，或者 1v1 对话之类的服务，多邻国还是处于劣势。它是一个适合入门级学习者的 App，但真正愿意为语言学习付更多钱的，是一些更深入的需求，比如考级，比如为了进外企工作要在很短时间内提升英语，等等。在这方面，多邻国能做的有限。

当然，DET 这个测试，已经在探索一个刚需的方向，也就是留学和海外工作的语言测试需求。但是 DET 要从托福、雅思手里抢地盘，需要时间，并且也有天花板。在疫情前，全球每年的托福考生是 200 万～300 万人，全球各个国家和地区的收费标准不同，大概是每人 200～300 美元，按照 250 美元算，就是 5 亿～10 亿美元的规模。而同等规模下，DET 的售价只能拿 1 亿美元。这还只是收入，没有算上成本，作为一个市场，其实空间还是有限的。

另一个明显的问题是，DET 测试在 2020 年的收入大涨，还是吃了疫情的红利，疫情之后，使用这个服务的大学会不会减少，也是一个问题。不过多邻国的好处是，它的测试比较灵活，其实可以根据不同的场景调整，比如和一些公司，或者商业机构合作，还有就是扩展语言测试的门类。

但就目前而言，仅从多邻国的招股书上看，这更像是一个规模很大，但变现没那么容易的App。但相比很多苦苦挣扎在从免费到收费道路上的互联网产品而言，多邻国有很多巧妙的策略，值得好好研究。

路易斯之前接受《第一财经》杂志的采访时说他不理解，为什么有那么多公司明知广告费赚不回来，还愿意花那么多钱打广告。这句话有一个背景是：多邻国在进入中国市场时，因为遭到了竞争对手的广告阻击，没有像过去那样顺理成章地快速成为市场第一。

假设多邻国是一个中国的公司，它会怎么发展？一个免费的App红了之后，它应该会开始设置付费的精品课程，进行线上一对一外教。然后开始开拓课程的内容，覆盖学龄前儿童及青少年的课外辅导市场，然后学生每天做作业，家长要发朋友圈打卡。另一方面，它会从大基金那里融资，把自家的宣传语变成一句顺口溜，在综艺和电梯里重复播放。

不过显然，在多邻国眼里，商业不用非得是这样。

快递不是好生意,但顺丰还是家好公司

国家邮政局的 2020 年行业公报里面披露了两个数据:一个是,2020 年中国快递业务量是 833.6 亿件,同比增长了 31%;另一个是,2020 年消费者人均快递使用量是 59 件。也就是说,一个星期收差不多一件快递。

这还是全国平均的数据,考虑到这个分母里还有大量快递触及不到的偏远地区的居民,以及不太使用电商的老人、小孩,这个人均快递量规模还是很惊人的。

2020 年 10 月,拼多多公司平台上每天会产生超过 7000 万个包裹,是全国日均快递量的 1/3。当然,电商只是快递当中的一部分,快递公司还有很多别的客户,但电商件也确实是这几年推动快递业务增长的主流。

这么多的快递堆叠起来的,是一个每年近 9000 亿元的巨大市场,而大市场往往能出大公司。比如关系错综复杂的圆通、中通、韵达,还有本文的主角,大名鼎鼎的顺丰。

顺丰是一家好公司吗

目前中国的快递市场规模庞大，增长迅速，但对于一些快递公司来说，生意似乎并没有那么好做；不过，做这门生意的顺丰，无论是业务规模、服务能力还是赢利水平，毫无疑问都是中国较好的第三方物流公司之一。

这家公司是2017年在深圳借壳上市的，上市之后财报就一直很出色，收入、盈利节节攀升。结果2021年第一季度，顺丰第一次出现亏损，亏损了10亿元，事件引发创始人王卫出来道歉，还更换了公司的CFO。

评价一个公司还是要客观全面地分析它的历史和现状。快递其实是趁着改革开放和市场经济才发展起来的一个具有中国特色的行业。中国早期商业不太发达的时候，其实没什么"快递"的需求，因为要运输一个物品或文件不是很紧急，所以有邮政就够了。实际上，现在EMS（Express Mail Service，邮政特快专递服务）还是一个对偏远地区很友好的快递服务方式。整个快递行业是依靠20世纪90年代进出口贸易的带动才发展起来的。

当时，珠三角的工厂和外贸公司有很多报关材料、样品需要寄送，每一个包裹都很重要。如果对顺丰的发家史有点了解的话，就知道这家公司最早就是做深圳到香港这一条线路上的快递生意，靠着王卫自己肩扛手提起步的。

这些商务件的核心特点有三个：高密度、高价值、高时间敏感度。

正是因为这三个需求,才让快递行业迅速发展,也正是因为擅长做好这三件事,顺丰才能在这个行业稳步做大。当然,随之而来的,就是与高品质服务对应的高价。作为用户,我们对顺丰的普遍感觉是速度快、服务好、价格贵,这些其实都是从这样的市场需求中总结出来的。

这样的市场需求,被快递公司捕捉到并提供给用户后,就会让这家快递公司变得重要起来。送一次快递其实是很简单的一件事,但把它的次数乘以亿,再把范围扩大到整个中国,那就需要极强的管理能力。而要保证这种管理能力,最简单的方法就是亲力亲为。

要培训快递员,并购买卡车乃至飞机,将整个物流网络上的资源都掌握在自己手里,这就会导致价格昂贵。早期的顺丰和目前的京东物流,都是这种重资产的模式,营运压力很大。有一个数据是,京东物流在2020年才实现2.83%的正净利率,之前都是亏损的。

而这就是顺丰比较厉害的地方。顺丰2017年上市A股,A股的特点就是对赢利要求很高。于是,为了保证财报是赢利的,顺丰就将大量业务外包出去了。2020年顺丰的外包人力、物力成本高达800亿元。

但是,在这个从自营到外包的转移过程中,顺丰没有让顾客觉得服务品质有明显的下降。而以加盟制为主的通达系(一般指"四通一达",即申通快递、圆通速递、中通快递、百世汇通、韵达快递这五家民营快递公司),常常会因为网点的裁撤,服务水平就可能有一段时间不太稳定。这一点就体现了顺丰很强的管理能力。

顺丰的"快",其实也是管理能力的体现。如果仅仅从物流网络的成熟度来说,市面上任何一家大型快递公司,都可以在华东或是华南等局部市场,做到"次日达"这件事,只要资源堆得够多。目前,中国快递单量最大的中通就在尝试做次日达,市场反响也不错。

但如果说到堆资源做速度的能力,市面上依然没有一家快递公司比得上顺丰。"次日达"实际上是顺丰时效快递业务的底线,它最快的产品是"即日达"。为达到"快"的目标,顺丰2020年还有11%的货物是用飞机运送的。顺丰不仅是中国第一个考虑用飞机送快递的公司,还是第一个做民营货运机场的公司。

用飞机送快递难在哪儿

用飞机送快递会遇到一个问题,就是路线设计和货物量很难匹配。2015年顺丰航空的总经理李胜在一个行业论坛上说,中国的快递流通方向主要是从东到西、从南到北的单向流通,反过来的部分经常是货源不足的,这两个方向的货物比例大致是7∶3。中国又是一个地域范围很广的市场,如果用飞机点对点送货,很容易出现的问题就是单程时间很长,而且去程爆满、回程空仓,就很不划算。

如果仔细浏览顺丰的航线网络,会觉得眼前一团乱麻,因为有大量错综复杂的直飞航线。其实如果从直飞改为中转,就可以在进出港时段、机型等方面做很多优化,从而极大提升飞机运货的效率。

行业里也有个现成可以拿来借鉴的方案,就是像美国联邦快递那样,在美国的中部建一个专门用来重新配置资源的货运机场,将原本点对点对飞的路线改为向一点集中,这样,整个体系就从纵横交错的网状,变成了像自行车车轮一样规律的"轴辐式网络"。

联邦快递曾在20世纪80年代初靠着这一突破,重创了美国快递市场的霸主UPS,将"隔夜达"做成了自己的特色服务。2021年,顺丰已经在湖北鄂州花了上百亿元,来做这个货运机场,这也是其对于未来继续强化商务件服务的一个承诺。

顺丰的特点不仅仅是快,在它的高端产品中,顾客还可以约定一个明确的时间段,要求送货上门。这意味着需要准确把握整个网络的流通效率,将其量化到小时维度,再反过来"以效率定价",将这种服务能力反向包装成可出售的全国化服务。这就不是靠堆资源能解决的了,问题的核心变成了数字化和机械化的能力,比如顺丰快递员人手一台的智能终端。

顺丰在以商务件为主的市场里,通过不断提升自己的能力,做到了高品质、高定价,并且实现了盈利,但如今随着电商的快速发展,顺丰针对商务件提供的服务带来的优势,看起来反而成了它面对通达系时的劣势。

与顺丰不太对付的电商件

首先,大家对于电商快递的速度要求不会那么高,除非是需要快速运送、即时收货的生鲜商品,一般2~3天内送到就行了。

其次，电商快递现在最不讲究的，可能就是服务。快递员将包裹往驿站或是丰巢里一扔，已经是越来越主流的方式了。虽然这个方式还有争议，比如有的人要求上门服务，有的人觉得自己去小区里取也不错，但总之服务的要求没有商务件那么高。

最后，电商产品的一大卖点其实就是"包邮"，这意味着商家要么就得通过抬价消化邮费成本，要么就得靠快递公司自己把价格降到商家不会在意的极限水平。这种事通达系早年做过，并创造了长三角的"包邮区"；这两年新成立的极兔速递也在做，创造了"义乌0.8元发全国"的震撼低价。而让原先只做高价生意的顺丰介入这样的市场，从账面上看肯定是极不划算的。

这也是为什么评价快递目前不算是个好生意。举行业规模第一的中通为例：中通披露的2021年第一季度财报显示，公司单票收入降到了1.34元[1]，和韵达一样都已经逼近行业底线，而同期顺丰的单件收入是15.84元[2]。同时，每一单快递只能给中通带来0.24元的毛利[3]，即便这个数听起来极低，但已经比同行优秀了。

过度薄利多销的行业提升竞争力带来的边际效益是有限的。同时，因为快递这个行业的特性，市场也被框在这个范围里了。对于顺丰这个前期投入了很多资产和技术资源来提升相对竞争力的公司

---

1 中通快递. 中通快递2021年第一季度[R/OL]. [2023-06-26]. https://zto.investorroom.com/download/ZTO+IR+Presentation+2021Q1+CN++.pdf.
2 雪球. 顺丰控股前四月快递业务数据解读：单票收入连续3个月处于底部[R/OL].(2021-05-18)[2023-06-26].https://xueqiu.com/5265622466/180193825.
3 同1。

来说，就显得不值得。

既然不划算，那第一反应就是不做。但是不做这块电商业务，对于顺丰来说必然是极大的损失，主要是市场占有率会急速下滑，同时快递单量上不去。顺丰之前为了做高价值的商务件，花了很多成本用于搭建物流网络、做数字化等。这张网的人力效率和流通效率都非常高效，如果只用来做商务件，顺丰的产能仍有富余。所以，在商务件的基础上适当增加电商件来"填充"，对顺丰来说其实并不难。

如果顺丰采用低价包邮的拼多多件来填仓，显然也不是最好的选择。顺丰要找的，其实应该是价值比平均水平高一些的高端消费品，比如电子产品、化妆品、潮流服饰等。这几个品类是天猫、京东的主战场，拼多多针对这些产品也做了百亿补贴活动，加上直播带货，以及抖音、快手的推动，可以说有明确的需求量。一个"顺丰包邮"的承诺，对于消费者来说其实存在一点价值加成的效果，会觉得舍得在物流上花钱的商家，东西可能也不会是劣品。

还有一类小的电商服务，顺丰做起来具有独特优势，就是C2B（customer to business，消费者到企业）的退货服务。类似于前文提到的中国物流单向流通的特点，退货这种反向物流的量在总体比例中很小，消费者往往要求又很多，所以比较难入手。

传统快递公司也讲究揽件，但本质还是想开发长期合作的客户，而不是零敲碎打地帮消费者解决问题。顺丰则提供多种取件方式，并且相对来说服务更快速、准时，且取件服务范围更广泛，可以覆盖大部分地区,这些都极大地方便了想要退货的消费者。对电商来说,顺丰保障了退货、售后等服务的快速处理。所以在菜鸟切入这块服务之前,顺丰几乎是品牌商家唯一的选择。

2019年,顺丰第一次以做商务件的思路和服务水平,开始正式切入电商件市场,从大的消费品客户入手,虽然牺牲了2个点左右的毛利率,但起量的速度非常快。考虑到电商件对于配送速度的要求更低,顺丰也划分出了新的非时效业务线,改叫"特惠件",通过略微降低服务标准,将价格调低到每单3~4元,进一步扩大了规模效应。

如果从2020年顺丰的营收结构来看,特惠件部分当年的收入在440亿元左右,相当于时效件的2/3。而在2019年,时效件收入是特惠件的2倍左右。可见,顺丰在这块新拓展的业务上还是颇为满意的。

简单总结一下,顺丰在商务件为主的时代看似没有竞争对手,但是在快递业进入电商时代后,在很长一段时间里它处于逐渐失去话语权的地位。在观望了很久之后,顺丰在2019年进入了这个更低价的市场,并且找到了相对适合自己的细分市场,总算是在新的形势下保住了市场地位。

顺丰的几个新增长点

虽然顺丰是从快递业务起家,并且商务件和电商的快递业务收入有1100亿元,但顺丰的野心不只是做快递。

疫情期间，顺丰因为有冷链物流和医疗业务，可以成为抗疫服务商，在 2020 年第一季度保住了一部分收入；再比如，顺丰有一个大客户叫"金拱门"，全年从这个客户身上获得了 12.9 亿元的收入。"金拱门"就是麦当劳，顺丰与其最显眼的合作就是"30 分钟必达"的麦乐送。这部分同城急送业务在顺丰的营收中占比很小，但增速很快。

在 2020 年的股东大会上，顺丰的集团副总裁徐前还提到了顺丰特别想有所作为的供应链业务。供应链听起来似乎是个不够具体的概念，但是顺丰切入这一块就不再局限于做物流、仓储和配货的解决方案，还有一些新潮的数字化服务。

徐前当时举的一个例子，是顺丰与星巴克的合作。在测试门店内，顺丰引入了可以测算商品动销率的重力感应货架，还设置了带有图片识别、行为识别的 AI 设备，据说有效提升了星巴克对于爆款商品的识别率和判断率。

看起来，顺丰这家公司确实想要从"物流"，也就是物品移动、流转的整个链路，来规划自己未来的业务增长点。但从当前的收入结构而言，我们还是可以将它大致视作一家做得很好的快递公司。

顺丰的成功，不是因为快递本身是一门多么有价值的生意，而是在于它首先抓住了快递市场中最有价值的部分，也就是商务需求，并不惜为其重金搭建基础设施。而当市场发生变化，电商需求崛起后，顺丰可以反过来利用已有的基础设施，提供比竞争对手更好一点，也更贵一点的服务。

说到底，在一个开放的、规模很大的市场里，物理空间的物品转移是一个刚需，只不过转移的物品会随着时代变化而发生变化。

对于顺丰这样的公司来说，只要掌握了当中的核心能力，就可以先从需求中提炼出供给，再依靠供给吸引需求，由此形成一条螺旋上升的赚钱之路。

如今的市场往往会因为一些新的趋势，或是新的竞争者出现而精神焕发，也会因此对一些不那么新的业务和公司过分轻视和贬低，其实这是过分关注外界的变化了。而坚持做自己、不断做好自己，也能形成一种长期优势。

iPhone 的隐私保护功能真管用吗

苹果手机（iPhone）的广告一直是业界标杆。2021 年，苹果投放了一系列视频广告，重点介绍自己的隐私保护功能。

苹果的隐私保护政策很复杂，它涉及很多具体的功能，比如 2021 年 iOS 15[1] 里就给出了一个重磅的隐私保护更新，用户在使用 safari[2] 时，浏览信息和 IP 地址（internet protocol address）都会加密。当然这个更新在中国因为法规要求暂时无法实现，但 iOS 14.5 更新的防止 App 对用户个人信息的追踪功能，中国是适用的。

这不仅是个产品功能，还是个复杂的法律和商业问题，并且涉及定向广告这个巨大市场。那么苹果究竟为何要做这个隐私保护的技术？它到底管不管用？

"隐私"和"个人信息"的概念演进

首先有一个概念需要区分。如今人们谈论的手机上的"隐私"，

1　iOS 是由苹果公司开发的移动操作系统。
2　Safari 是一款由苹果公司开发的网页浏览器。

更准确的定义其实是"个人信息"。两个概念有一部分重叠，但也有差异，而且在各个国家可能会有不同的解释。在中国，民法典明确公民有隐私权，这里的隐私主要是指个人的私事，比如日记、不愿让别人知道的过往之类的信息。

而智能手机通过App获取的，其实是个人信息。关于这部分的保护，中国此前在民法典、数据安全法等法律中也都有条文，新近出台草案的个人信息保护法则更有针对性。海外也有类似的法律，比如最著名的是欧盟的《通用数据保护条例》（General Data Protection Regulation，GDPR）。本文讨论的"隐私"，主要指的是后者，即数字生活中的个人信息。

个人信息其实不胜枚举，从姓名、年龄、性别，到最近的消费记录、浏览记录、网上留言，皆可算作个人信息。这其实是一个和数字经济、互联网紧密相关的概念。在移动互联网没有成为现代社会的基础设施之前，其实不会产生或者流通那么多的个人信息。个人信息多是存放在工作单位的档案里，或者户口本上。但现在，一个手机上可以开放的权限就有十几项，而App可以搜索的数据维度则更多。

一位快消品牌营销负责人大致介绍过，他们从业务角度日常关注的数据主要是三类：互动行为数据，比如用户点亮了某个网页多少次、看了哪些网页；个人信息，比如工作、家庭背景、指纹、相貌等；交易数据，用户买了什么，以及用什么方式支付。

除了数据爆发式增长以外，个人信息在这个时代还有个很大的变化，就是在技术上更容易获得了，很多时候需要的只是一段代码。

而且因为数据更容易分享和使用，具备这些特性且与消费者紧密相关的信息便产生了无可比拟的商业价值，即所谓的广告价值。

简言之，个人数据可以帮助品牌更精准地向用户推荐广告。这里的精准，指广告更有可能以一种高效率的方式促成用户的消费。这种数字营销构成了过去十几年全球互联网巨头们主要的商业模式之一。

庞大的定向广告市场

2020年，中国互联网定向广告市场的规模约为5000亿元，全球则大概为3000亿～4000亿美元，而且这是一个巨头占主导的行业——阿里巴巴一年的广告收入超过千亿元，谷歌大概是上千亿美元。

从获取个人信息数据，再到把广告投放给定向用户，这其实是个复杂的链条。在智能手机上，有一个重要的东西叫广告识别符（Identifier for Advertising，IDFA），可以把它理解为手中这台iPhone的一个ID（identity document，身份标识号）。各个App就是通过这个IDFA来获取用户的行为轨迹的，比如买了什么东西，听了什么歌，玩了什么游戏。当然，这类个人信息是脱敏的，即仅靠这个识别符，是无法对应具体的人或手机号，只能对应一台设备。

安卓系统当然也有自己的识别符。而且此前，这个识别符都是默认向App开放的。

但单个 App 的数据有局限性，如果真的要有针对性地投放广告，就需要把各个数据联合起来，所以就出现了所谓的"广告联盟"。也就是说，联盟里的各个 App 建立了数据共享，同时也能产生更多的广告位。我们经常遇到在应用 A 里搜索水果，打开应用 B 看到很多水果广告的情况，其实就是广告联盟效应。同时，广告联盟还可以做很多数据分析的工作，帮助广告主根据用户行为特征做"优化"。

国内最著名的广告联盟之一友盟，创始人是谷歌前工程师蒋凡。2013 年，阿里巴巴收购了友盟，蒋凡则在几年后成了淘宝的总裁。阿里巴巴之所以发起这笔收购，正是因为它尽管已经有了海量的交易数据，但缺乏用户个人行为数据。而友盟可以帮助它了解自己的用户在阿里系以外还在使用哪些 App，这样所谓的用户画像就更完整了，也更好向其投放广告。加入联盟的 App，也能因此获得更多广告订单。当然，除了阿里巴巴以外，腾讯、字节跳动等，都有自己的广告联盟。

以这种联盟形式对接广告商，效果自然变好了。因为广告投放从此变得有理有据，不但效果更好还更可监测。

iPhone 隐私保护功能的商业影响

回到苹果的隐私保护政策。iOS 14.5 最大的更新就是让用户可以自主选择是否允许 App 追踪自己的使用数据，也就是要不要开放 IDFA 给 App。而且这种选择方式，是强打扰式地直接弹出一个窗口询问，其结果对广告商来说也是很致命的，因为很少有用户会选择同意被追踪。

这背后的逻辑很简单：本质上，个人数据是一种资产，那么它的所有权、使用权应该归个人。如果为了获得更好的服务要去分享这些数据，至少要获得权利人的允许。

这也是目前个人信息保护法规的一个核心原则之一，即须征得同意。

但从商业逻辑的角度，这对很多 App 来说可谓是釜底抽薪，因为获取数据的源头被切断了。所以可想而知行业内反对的声音是怎样的此起彼伏。脸书甚至曾在报纸上刊登整版广告予以抨击，称苹果此举只是为了让竞争对手无数据可拿。

在国内，苹果的这个更新引发的公开反响其实没那么大，但受其影响的许多大公司，内部其实很紧张。因为苹果除了关闭 IDFA 的追踪识别之外，还上线了很多其他的隐私保护措施，比如 App 不能任意调取相册里的照片，而是用户可以选择哪些照片可供读取，以及但凡 App 使用了手机中的剪切板，页面上都会出现一个小浮窗，提醒用户它刚刚进行了读取操作。

这些事情的本质，就是让 App 获取个人信息的过程，变得更透明、更可见，也更容易被用户拒绝。对于国内依赖定向广告的公司来说，局面变得极为焦灼。

据了解，苹果的 iOS 14 推送 demo 版（原型）之后，阿里内部非常紧张，连夜召集多个部门开会商量对策。经过梳理后认为主要对阿里有两大影响：一个是确实会减少阿里获取的数据，从而影响相关业务；另一个就是会造成舆情危险，消费者可能会对 App 产生不良的感受。比如过去我们都很习惯在微信里面复制淘口令，打开淘宝里就有相关商品的弹窗，而这个功能的实现必须通过扫描手机里的剪切板。但实际上，无论之前是不是复制了淘口令，每次用户打开淘宝的时候，它都会复制一下剪切板。最终，阿里经过内部紧急调整决定率先将非必要的获取用户信息的行为取消。

了解到国内和国外大公司对于苹果隐私保护更新的反应，可能我们会产生此做法真的能保护我们的隐私不被广告商随便取用的想法。毫无疑问这些功能肯定是有帮助的，但实际的效果可能没有想象的那么可观。

一方面是因为，提醒、确认，这些都不是苹果独家的隐私保护规则，比如在小米的 MIUI（米柚）里，就有类似的照明弹功能，在 App 获取用户数据时也会弹窗提醒。但这个功能推出时在国内并没有引起多大的反响。

另一方面，限制了 IDFA 这样的广告识别符，其实是限制了公司和公司之间的数据共享，限制了联盟形式产生的用户画像。但问题是，现在有些公司的规模庞大到不需要通过与别人联盟，而是仅仅通过内部的账号系统，就能掌握足够的个人信息。比如一个支付宝账号，能登录很多阿里系的服务，衣食住行、吃喝玩乐都能满足，在一定范围内就已经实现了数据互通。又比如字节跳动，仅靠自己内部的数据和算法，就足够给用户推荐十分有效的广告。

而在国外这一情况有些不同，就是大公司与大公司之间，数据是基本不互通的，谷歌与推特、脸书与油管之间，不太可能会分享数据，所以本来的定向广告就不是那么精准，即便苹果削弱了这方面的效果，对广告商造成的影响也没有那么明显。当然，现在国外也有类似阿里、字节、腾讯这样覆盖很多业务的大公司，也有很多账号系统内部的搜索，比如亚马逊，总之大公司还是极有可能通过自己的方法描绘出一个丰富的用户画像的。

大公司对隐私保护的态度

在规则范围内，科技公司会尽可能地获取用户的个人数据；但是一旦规则改变，它们也会不约而同严格地遵守。而且越大的公司，会越正视这个问题。

之前经常将数据比作这个时代的石油，更有甚者将数据视为这个时代的"核燃料"。这些比喻都有两层意思：一方面突显数据的重要性与价值；另一方面也说明，如果数据遭到泄露，情况会很糟糕。

正因为数据泄露和隐私丑闻所造成的影响极其严重，所以大公司会非常注意用户个人数据的合规，主要包括收集、保存、使用、分享这4个层面。针对数据获取权限、通过什么方式能接触和处理这些数据，都有严格的要求。相反，若是部门内数据任意流通，就很有可能造成用户的生物识别信息、金融数据等核心敏感信息泄露，后果不光涉及舆情问题，更要承担相应的刑事责任。

而在合规的范围内，或许确实很难压抑公司获取数据的"冲动"。比如在一个公司里，对于开发 App 的基层工程师来说，一次性先拿足所有数据，再慢慢研究如何使用肯定是最方便、最简单的方式，对整个公司来说也是如此。

法规和行规，其实就是为了防止上述做法对用户造成的伤害。法规必须对获取个人用户数据的行为给出明确的、可执行的规范，比如最基本的个人敏感信息，像指纹、人脸，就必须以最低的限度去获取，且必须告知用户，必须使用户拥有选择的权利，也必须严格限制分享，严格规范保存。有了明确的规定和处罚规则之后，才能让公司更有动力去改正自己的行为。

从这个角度看，苹果这样的公司，能够在公开的宣传上强调用户隐私的保护，至少说明隐私保护这个事情已经成为一个行业共识。当然，隐私肯定也是用户真正关心的事情，苹果敢为人先进行自我修正，对整个行业肯定也有一定的引领作用。

从单个消费者的角度看，消费者自身也可以推动个人信息的保护。比如当消费者遇到忽视个人信息保护的 App 时，可以通过官方渠道投诉，也可以拒绝使用它的服务，而去选择那些注重用户个人信息保护的 App。在一个商业社会里，消费者权益的保护，从来不是单方施舍得来的，而是要靠从上到下努力争取得来的。

刘擎、罗翔们是如何一步步变成明星的

从2020年开始,一批社会科学方向的学者,掌握了前所未有的大众影响力。"《奇葩说》捧红了刘擎""B站(哔哩哔哩)捧红了罗翔"——当我们谈论他们的出名原因时,经常会下这样的判断。这个判断当然没错,但不是全部。如果仔细考察一番,会发现从商业角度,这个故事还会更具有深度。这当然是一个文化现象,但背后也存在商业的推动——这也是一门生意。

当然,商业和生意都是中性词,本文的目的不在于要揭开什么内幕,只不过以刘擎和罗翔教授为例,层层剥开、探索学者走红背后的力量,并弄清它们是如何把学者变成一门好生意的。

学者明星背后的推动力

首先对"学者"进行定义,本文所讨论的学者明星,或者说文化偶像,主要指的是身为学者也会像娱乐明星一样,有经纪人、会拍广告、做代言、参加娱乐节目等。也就是说,对品牌和商业机构来说,这些学者的价值和演员、歌手、偶像本质上是一样的,都是贩卖知

名度和个人形象。所以他们已经拥有了艺人的身份，是明星中的学者类。

比如说通过《奇葩说》走红的刘擎教授，他是 2020 年下半年接受了《奇葩说》的马东的邀请成为导师。节目播出之前，《奇葩说》的制作公司米未的 CMO 刘煦又拜访了一次刘擎，并且和他签订了商业经纪约。也就是说，刘擎以后学者工作以外的商业合作，比如拍摄广告、参加活动之类的，都通过米未来代理。

米未这家公司，收入主要是两部分：一部分是通过做《奇葩说》《乐队的夏天》这样的综艺节目来赚钱；另一部分就是签约一些艺人，主要是自己节目的参与者，比如《奇葩说》的一些辩手。所以从这个角度看，刘擎确实已经是米未签约的艺人了。

以刘擎为例，学者成为明星的背后会有哪些推动力量？最先想到的肯定是《奇葩说》这样的网络综艺。它们是现在影响力一流的娱乐产品，比过去电视台的影响力可能更大。而且如今"微博热搜"已经成为评判一个事件是不是火热、一个人是不是"出圈"的重要指标。像《奇葩说》这样的综艺，运营微博已经是常规操作，通过在微博上发布各类辩题的信息、选手的精彩发言、相关文字和视频片段等，都可以持续扩大节目的影响力。刘擎走红的标志之一，就是他的几段发言成功登上了微博热搜。

通过《奇葩说》这个具有影响力的节目走红了之后，刘擎 2021 年的日程表已经排得非常满，几乎每天都要往返不同的城市。他也已经有一些代言，比如教育、汽车、酒类等。这也能体现出品牌对于学者这种艺人类型的定位——即便知名度可能不那么高，但是格调不错，可以用来提升品牌形象。

其实对于手握赞助费的品牌来说，它们找代言人大致有两种思路：一种是为了扩大知名度，这时候请当红偶像会很有用；另一种就是要塑造品牌形象，比如一些钟表、奢侈品、银行等，它们没有扩大销量的需求，找代言的目的是要让消费者认同品牌的定位与品位，所以它们会去赞助音乐会、赞助导演。当然现在的另一个趋势就是代言的年轻化，一些较为高端的品牌也青睐通过年轻偶像来刷新形象。

回到刘擎，对他来说，在上《奇葩说》之前，他只是单纯的学者，但在几个月录制之后，他就要进入艺人状态。

那《奇葩说》为什么请刘擎呢？这就是下一层，也就是第二个重要的推动力量——例如"得到"这样的音频平台。

"得到"是由罗振宇创办的音频内容平台，前几年火热的知识付费，主要就是源自它。"得到"上面有很多"有用的知识""手册""心法"，也有很多人在平台上开课。比如：刘擎会在"得到"平台上讲授"现代西方思想史"；还有《奇葩说》的另一位导师薛兆丰，则教授经济学。《奇葩说》的主持人、米未的创始人马东便是在此平台上偶然间听了刘擎的课，觉得十分受用，所以便去上海拜访刘擎的。

同时罗振宇本人也当过《奇葩说》的讲师。从外人的角度，是不是会觉得平台与综艺之间存在某种绑定的合作关系？当然，《奇葩说》和"得到"都是否认这一点的。但是《奇葩说》的导演也承认,"得到"是一个非常有效的、用于导师遴选的候选池。在《奇葩说》这档节目中,导师是唯一在每一次辩论结束后都要发言的人,通常也能够给人留下最为深刻的印象。所以导师的重要性不言而喻,《奇葩说》要找的,便是在语言能力、表达能力各方面都出彩且适合在电视平台播出的人。而"得到"上的音频课,等于是帮其做了一次筛选。当然,挑选的途径不只有"得到"一个,还有 B 站。其实《奇葩说》也邀请过罗翔,不过罗翔的档期不允许其参加。

对于"得到"来说,在自己平台上开课的导师,如果身影也出现在《奇葩说》这种更有影响力的平台上,肯定对自己有帮助作用。最直接的帮助:一是刺激音频课程的售卖。前几年薛兆丰上了《奇葩说》后,他在"得到"上开的课,一直是"得到"上最畅销的产品之一,甚至在"得到"准备上市的时候,都把这门课写到招股书里。二就是刺激书的销售。"得到"不仅只卖音频课,还会卖书。"得到"扮演的角色一个是作为渠道,就是别人的书拿到平台上售卖,比如读库就会和"得到"合作;另一个是"得到"自己也会出版一些书,主要就是把有价值的课程变成书的形式,比如刘擎和薛兆丰的讲义。而在第七季《奇葩说》上,主持人马东都主动推荐了这两本书,当然还包括其他嘉宾的书,这也极大促进了书的销量。

就像《奇葩说》是看了音频课程后选的导师,而"得到"是看了学者的书,才会邀请他们来开课。这些学者各有所长,其中一个比较鲜明的特点就是他们都会写通俗著作,或者说著有通识类的作品。

比较有名的例子是外交学院施展教授的《枢纽：3000年的中国》。2018年，在"得到"的跨年演讲中，罗振宇推荐了这本书，同时也宣布要把这本书变成音频课程。《枢纽：3000年的中国》截至2021年已经卖出40多万册，而平时，历史类的图书卖1万册甚至5000册就算是畅销了。

另外，在《奇葩说》播出之后，刘擎也出版了一本新书。这本书原本计划在2020年2月出版，但是因为疫情而有所耽搁。到了下半年，《奇葩说》宣布刘擎将成为导师，出版社便抓住了这一时机。一般关于西方思想界年度评述合集的书虽然在学术圈内很有名，而普通大众并不太关注，但这本书却在出版1个多月后卖出将近4万册。

出版社在此期间起到了一定的发掘作用，编辑通过出版策划，挖掘到了一些有公众传播潜力的学者。学者要想在更大众的传媒上获得影响力，就需要一些人去帮助他们处理商业上的事务，并且把他们"推销"出去。这就需要类似经纪人的角色。现在也确实有这样的机构，比如前文提到的施展，他就创办了一个经纪机构，名为爱道思，专门负责担任学者的经纪人，把学者的学术研究商业化。爱道思目前签约的学者，主要都是和施展一起开研讨会、研究宏观话题的学术同伴，像刘擎就是其中的成员之一。

学者走向大众，变成明星的过程，其实是经过了不同内容生产机构的层层筛选和推动的。沿着出版社、音频平台、网络综艺这条路径，学者的影响力一步步地扩大。而当学者成名之后，又会反哺之前他生产的那些内容，从而帮助书和音频的销售。

虽然这个链条上的每一环都不是设计好的、较为明确的商业合作关系，但从实际效果上，它们确实实现了互惠互利的正向循环。

罗翔爆红后，B站做了什么

相比于刘擎的走红路径，罗翔的出名要更为意外。

他在法考培训机构的视频素材被人搬到B站之后便一炮而红，真要严格地说，可能版权上还有些问题。走红纯属偶然，但接下来热度的持续扩大，就是平台有意为之了。

首先B站借着罗翔和其他一些Up主在疫情之后走红的机会，成立了一个专门的知识区，开始大规模邀请学者入驻。B站也促使罗翔开了一个官方的账号——"罗翔说刑法"。这个账号的每一个视频，都会标明"bilibili×厚大法考"。厚大法考是法考培训机构，罗翔最早的那些素材都是在那里录的。

接下来，B站进行了一系列推广活动，比如请罗翔去参加各种活动、与其他Up主联动等，比如讲讲名侦探柯南里的黑衣组织犯了什么罪。这些推广的结果就是，"罗翔说刑法"成了B站Up主中最快达到千万粉丝的账号。

不论是刘擎还是罗翔，他们走红的最后一步，都是在覆盖面最广的新媒体上走红，比如爱奇艺、微博、B站等。其实这也不是什么新鲜事了。历史上，学者在公众当中获得影响力，成为那个时代的明星,往往都是因为当时的新媒体出于商业利益的考虑。

图书也曾是新媒体

在 18 世纪欧洲的启蒙运动中,也有很多引领风尚的思想家被认为是这场运动的领导者,比如卢梭、伏尔泰、狄德罗等。但他们的思想是怎么影响到普通人的呢?靠的就是当时的新媒体——图书。

《启蒙运动的生意:〈百科全书〉出版史(1775—1800)》描绘了当时的场景:基于印刷业的图书出版刚刚兴起,有很多商人发觉这是一门好生意,就想尽办法抢下卢梭、伏尔泰等大思想家的著作出版权,然后推动他们出版更多的书。

那时候最庞大的计划之一就是狄德罗主编的百科全书,被称为是启蒙运动的最高思想成就之一。这部百科全书集结了法国当时最优秀的 100 多位思想家、哲学家、科学家、政治家,以及工程师、航海家、军事专家和医生的作品。而这本书的出版者路易斯·勒·布雷顿,是一位当时有名的书商。在《启蒙运动的生意:〈百科全书〉出版史(1775—1800)》中,他被描绘为幕后真正的推动者,他提出这个庞大的计划的初衷,其实并不是传播思想,而是赢利。

但结果是,这套百科全书确实影响深远,和其他图书一起,引发了人们思想的变革,进而改变了欧洲,乃至世界。

其实这样的例子,在启蒙运动之后也一直会出现。报纸、电视,这些不同时期的新媒体,都会把一些学者推向大众,让他们成为明星,最后形成一门好生意。

虽然刘擎、罗翔们的影响力与启蒙运动时的大家无法相比，但是他们具备同样的走红原因，他们的观点、表达依旧受大众欢迎。

很多人可能会认为学者上综艺、拍广告是"不务正业"，输出的内容也不如他们所著的学术图书那么严谨，但知识和观点不是只局限停留在小圈子里才有价值的。虽然在大众媒体上运用了比较浅显的表达方式，但至少能引起兴趣，能促使更多的人进行阅读和学习，这就说明了引流的作用是正面的。

"学者"也是一份工作，不必赋予其特别高的道德定位，而他们的工作职责之一，就是让自己的研究和知识传播得更广。而完成这份工作，也需要商业机构的推动。他们做这门生意最初的目标可能是获得收益，但它最终也会带来社会价值，两者并不矛盾，甚至是相辅相成的。

02
商业原理篇：真面目挖掘

当今最重要的基础设施,在海底

互联网可能是当代社会发展历史最短但最重要的基础设施,它以前所未有的速度和容量传递信息,让全球化真正得以实现。如果全世界突然断网,人类社会将迅速失序,我们习以为常的服务都会崩溃。可能正因为互联网已经如此自然地融入生活,所以我们可能忽略了一个基础问题:网上的这么多信息,到底是通过什么传输的?真的都在云端吗?

现在让你想象互联网,你可能会设想有很多无形的数据在空中传输,它是在天上的,但实际上,绝大部分的互联网信息是通过沉入海底的光缆来传输的。如果把整个互联网看作一个人体的话,海底光缆就是绝对的"大动脉"。

有一个叫美国电信市场调研公司(TeleGeography),它的网站每年都会制作海底光缆的全球地图。我们对于海底光缆的全球地图的想象可能是在每个大洲之间有几根相连的干线,整体呈现比较简洁,如同人身体里的大动脉一般,但实际上打开后,会发现它是一个密密麻麻的网络,远比人体血管网庞杂。实际上,目前全球实际运用和在建的海底光缆有529条,总长度超过140万公里。这个长度超过了地球直径的100倍。

除了规模，2023年，预计整个产业的产值规模将超过200亿美元。根据行业预测，这个数字在接下来的几年里还会以每年两位数的幅度增长。本文主要分历史和当下两部分：第一部分回顾一下历史，看看人类到底是怎么想出在海底铺光缆这个主意的；第二部分，会从市场端来探究一下海底光缆的商业价值。

线上服务的"线"，是什么"线"

要讲海底光缆的历史，首先要做一个名词解析。顾名思义，海底光缆的核心是光纤，它是一种用玻璃或塑料制成的纤维，多模光纤的纤芯直径与头发丝差不多粗细，能够大量、高速、稳定地传递数据。光纤是20世纪70年代才发展成熟并商用的产品，但往前推100年，人们已经在海底铺设传输信息用的电线了，那时候它的名字是海底电缆，这个"电"，指的是电报。

1837年，莫尔斯发明电报，并在美国取得专利，他还顺便发明了莫尔斯电码。只要拉一条电报线，就可以将信息传递的时间缩短到原来的几百分之一，人们很快就推广并应用了这个颠覆性的发明。在此之前，人类远距离传递信息最快的方式可能还是信鸽、渡鸦、烽火、火车、轮船等。于是很快，一部分聪明人就想，能不能拉一条跨洋的电报线？最早提出这个需求的是英国人，因为这个国家有跨洋信息传递的需求，不然某个殖民地"造反"了，要过几个月伦敦才能收到消息。于是到了 1850 年，横跨英吉利海峡的海底电缆就建成了。

铺设海底电缆，首先需要一艘大船，先把要铺设的缆绳绕在甲板的一个大圆盘上，然后船一边开，缆绳一边放下来沉到海底，等船开到对岸，连上陆地的电报网，安装就完成了，这是早期粗放的安装方式，随着技术的进步，后期安装方式也越来越专业。

现在的英文里，电缆、光缆被称为"cable"。但这个词原本的意思是指船上的绳索，而就是因为铺设海底电缆这个事情，才延伸出了一个新的含义。甚至 cable 还变成了一个动词，"It's been cabled"就表示信息跨越海洋传递过去了。

一份可以写进人类历史的商业企划

英吉利海峡海底电缆的成功铺设，引起了很多人的注意，其中就有一位叫赛勒斯·菲尔德的美国人。1853 年，当时他 34 岁，已经通过做造纸生意，赚了很多钱，正在找寻人生的下一个目标。一个工程师告诉他，要不要投资铺设一条从英国到北美的、横跨大西洋的海底电缆，他马上被吸引并投入其中。

而这个目标也开启了一段极富戏剧性、可以写进历史的商业故事。菲尔德确实颇有经商的头脑，他很快走出了第一步，把这个项目需要的钱准备好了。他自己投资了几十万美元，按当时的购买力粗略地换算一下，这些投资大致相当于现在的几千万美元。菲尔德便是如此表明了自己的决心，然后通过人脉拉了很多名流来投资，大家一起成立了大西洋电报有限责任公司。之后他还发行过股票，让大家来认购这家公司的股权，回报则是海底电缆建成后的分红，结果股票被一抢而空。

要知道，当时有限责任公司这种经营模式出现才不久，但这种模式尤其适合海底电缆这种高风险的项目，不得不说菲尔德是选择了一个最合适的方式。

不仅如此，他还得到了政府的支持，他先后和英国、美国的政府进行洽谈，试图告诉它们，拉了这条电报线之后，对它们的帮助有多大，而政府也不需要出钱，只要负责前期的勘探，并提供船只支持就可以了。显然，两国政府也意识到这个项目的巨大潜力，于是都欣然应允。

横穿英吉利海峡，最短距离只有30多公里，开船铺设的话大概一天时间就够了。但是横跨大西洋，距离超过3000多公里。距离的拉长意味着许许多多的难题：第一，没有足够大的船，能够装得下这么多电缆；第二，大西洋的海底状况比英吉利海峡复杂得多，那里的海底不是一块平地，而是有山峰、有高原；第三，如此长的距离，让铺设路线的测算和执行也很困难；第四，它必须一次成功，因为深不可测的海底使得电缆维修十分繁难，一旦失败就是一切归零。

所以第一步是要勘探整个大西洋海底电缆路线需要经过区域的海底状况，以便确定铺设路线。这就需要政府和海军的帮助，光靠民营船只的技术和能力是做不到的。最后大西洋电报公司确定了一个方案,就是派两艘轮船,从两个原点出发,相向而行地铺设,最终在大西洋碰头。这两艘船也都是由海军军舰改造的。

另外还有一个需要补充的技术背景,就是关于电缆沉入海底时如何做才能不对电缆造成破坏。这里涉及的核心材料是一个叫古塔胶的橡胶,它是一种很好的绝缘体,而且也耐腐蚀,有了这个材料,才有可能实现。

1857年,菲尔德就开始带领船队铺设了。虽然在当时的环境下,他已经做足了准备,但是他仍然连续失败了3次。第一次,船队从爱尔兰出发,但开到一半,绞盘故障,海底电缆沉入海底,失败了;第二次,是隔年的6月,这次两支船队先在大西洋中间会合,把海底电缆连接好,再分头向两边行驶,但是在到达汇合点之前遇到暴风雨,船队没能成功会合,又失败了;第三次,铺设终于成功了,并且美国总统和英国女王还互通了电报,但第二天,绝缘体被击穿,整个电缆报废。

茨威格在他的名作《人类的群星闪耀时:十四篇历史特写》里记述了整个故事,描写当时在纽约,前一天,菲尔德还坐着马车参加游行,被奉为哥伦布般的人物;而后一天,就被众人唾弃,甚至被怀疑是骗子,伪造了维多利亚女王的电报。

现在来看,当时菲尔德主要是操之过急了,因为当时的船只技术,还有电缆制造技术都不成熟,还达不到横跨大西洋电缆铺设的水平。不过贵在坚持,6年后,菲尔德又重启了这个计划,这时候,已经没有人关注这个项目了,很多人都以为那是空想,但是菲尔德还是通过他出色的游说能力，成功筹集到了足够的钱。

在当时，工业技术也有了新的发展，他买下了一艘那时最大的货船——大东方号。这艘船可以凭借一己之力携带铺设所用的全部海底电缆，这就解决了最大的难题之一，而且买下这艘船没有花现金，而是用大西洋电报公司的股份换来的；同时，海底电缆的绝缘体也更新了，制造工艺也提升了，总之，从技术上来说，人类真的可以做成这件事了。最终，在又经历了一次失败后，到1866年9月2日，大西洋海底电缆终于铺设成功，菲尔德通过这条海底电缆收到了一份电报："一切都很不错。"[1]

跨大西洋海底电缆，究竟赚不赚钱

菲尔德花了十几年，自己投了几十万美元，又融资了上百万美元，那这个海底电缆究竟能不能赚钱呢？

根据《疯狂的投资：跨越大西洋电缆的商业传奇》这本书的介绍，在大西洋海底电缆建成后的3个月里，它就收发了2772条商业电报，当时的价格是每个单词10美元，一条电报至少10个单词。[2] 当时它每天的收入就超过2500美元，按照这个速度，这条海底电缆一两年就可以回本了。

---

1 约翰·S.戈登.疯狂的投资：跨越大西洋电缆的商业传奇[M].于倩，译.北京：中信出版社，2007.
2 同上。

当时发一条跨洋电报的花费相当于一个工人几个月的工资。但即使这样，跨洋电报的需求还是迅速增加，尤其是在金融领域。当时伦敦是全球的金融和贸易中心，北美洲的华尔街也蒸蒸日上。1870 年，两个城市的金融从业者每年要各花 100 万美元来获取各种商品和股票的价格信息，因为这些信息会影响他们的交易决策。

话说回来，既然大西洋海底电缆这么有利可图，那么别的竞争者自然会趋之若鹜，到了 1900 年，全球已经有 15 条海底电缆了，跨洋电报的价格也大幅降低，它不再是一个垄断暴利的行业了，大西洋电报公司也不是其中最大的公司了。

至于菲尔德，虽然大西洋电报让他的财富再次增长，但后来他的一些冒险投资都不太成功，其中包括一个曼哈顿的高架铁路计划，到了晚年他甚至倾家荡产了。但是大西洋电缆的功绩还是让其名垂青史。1892 年，菲尔德在 73 岁的时候去世。

那个时候，海底电缆的生意已经不仅限于大西洋两岸了，而是横跨太平洋和印度洋，延伸到中国、日本、印度、澳大利亚、阿根廷、巴西等众多国家，整个世界基本被"海底电缆 + 电报"的方式连接起来，信息全球化的雏形基本形成。

而中国最早的海底电缆是连接上海、厦门和香港，由一家丹麦公司铺设的。我们自己最早铺设的海底电缆，连接的是台湾和大陆，那还是清政府做的。

在此之后，信息全球化飞速发展，海底电缆的重要性越来越高。一个例子是，从一战开始，海底电缆就成了一个战略重点，英军和德军在海战的时候，有一个战术就是直接把对方的海底电缆捞起来，然后切断。

虽然后来无线电报技术也得到了普及，但是它的效率还是不及海底电缆。再后来，电话普及，海底电缆传输的信息量有了质的飞跃。到了20世纪70年代，随着光纤技术的成熟，玻璃纤维取代了铜线，海底光缆开始铺设。与此同时，互联网时代也开启了，菲尔德和它的海底电缆也成了历史。但是大西洋海底电缆确立了几个海底电缆的核心模式，一直延续到之后的海底光缆时代。首先，需要前期足够多的技术准备，才能保证铺设成功；其次，线路的目的地很重要，大西洋海底电缆之所以赚钱，是因为它连接了两个金融中心，它们有大量的信息沟通的需求；最后，海底电缆没有垄断性。

很多文章把海底电缆的商业模式与高速公路类比，认为它们都是前期需要进行一次性基础设施的投入，稳定后再通过收取过路费、电报费、网费等作为收入。但是这两个生意有一个本质区别，就是从A到B的高速公路，一般只有一条，它有垄断性质，但是海底电缆，从A点到B点，就可以有很多条，这也就导致信息收费的费率是不断下降的状态。这个问题，在之后的光缆时代会更加明显。

当今海底光缆产业的三大角色

在互联网时代，海底光缆的重要程度可以说比海底电缆要高得多，因为互联网要传播的是图文数据，其信息传播量大幅提升，能够满足这种需求的，只有光纤。虽然人类也发明了卫星互联网，但目前还未广泛商用。

整个海底光缆行业商业模式中的三个主要角色大致可分为：投资方、使用方和施工方。首先是海底电缆的所有方，即出钱的投资方。这里有两种情况：一种叫联盟海底电缆，也就是一群公司一起出钱共建一条，这些公司主要包括一些跨国的电信巨头，还有一些投资机构；另一种就是私有海底电缆，也就是一个公司独有一条海底电缆，这种情况过去很少，但现在正成为趋势。

基本上，拥有海底电缆的都是大公司，主要原因就是其价格昂贵。一条海底电缆，平均每公里的铺设成本在3万～5万美元，如果是几千公里的长度，就是上亿美元的投资。

我们可将投资方想象成房东，投资方投了这个钱，目的就是获取收益，这个收益就来自整个产业的第二个角色——作为"租客"的使用者。这里面就包括普通大众，比如我们都需要付网费、流量费给电信公司，这部分费用里就包含了使用海底电缆的钱。

其实很多时候我们在获取信息时可能并没有直接使用到海底光缆。例如，我们访问一个海外的网站，也不是说我们就是通过海底光缆来获取数据的，很有可能，我们访问的是在本地数据中心里已经预存的信息。

也就是说，海底电缆赚取的收益，是比较间接的，类似于我们日常其实都是在一丛"毛细血管"里传信息，不涉及"大动脉"，但没有"大动脉"，"毛细血管"里就没有"血液"。

这也是为什么比较难准确测算"大动脉"产生的收益。每条海底电缆的投资收益率都不太一样。很大程度上，收益是由这条线的需求决定的。如果这是一条热门的线路，那很有可能别人也在建同样的海底电缆，竞争之下，你的数据费率就会很快下降；如果是一条冷门的线路，那它就不能带来丰厚的客户增长，收益也不如热门线路。

当然，电信公司想要长期经营，肯定也会有一套类似于房地产投资的收益模型。看看一些分析师给的数字：总体而言，一条海底电缆的寿命小于25年，而数据的费率现在平均每年便宜15%～20%，在这两个基础之下，如果投资一条经济价值比较高的海底电缆，每年可以带来12%左右的投资回报。

这个行业里的第二个角色，就是海底电缆的施工方。相比于所有方和使用方，铺设海底电缆，反倒是一门收益非常稳定，且门槛很高的生意。因为如今海底电缆的铺设不允许失败，而且要保证长期使用，所以它的技术门槛很高。现在，全球建立了一个叫国际环球接头联盟（the Universal Jointing Consortium，UJC）的机构，这个机构只有4个成员公司，分别是来自法国、英国、日本和美国的大公司，只有他们可以作为总包商，去承接铺设海底电缆的业务。而它的分包商，必须经过30多项测试，拿到UJC的认证，才能进入这个行业。

因为海底电缆虽然是商业项目，但它毕竟涉及很多国与国之间的利益，还涉及海洋权益，所以一般都需要非常慎重地对待，久而久之，也就有了很高的门槛，而这也造就了海底电缆的高毛利。做这个业务的毛利率是 30%～50%；而在陆地上铺光纤，毛利只有 10% 左右。

海底电缆总体而言是一个大生意，投资方是跨国的大公司，制造方是 4 家垄断地位的大公司，而用户端，则是数以十亿计的庞大上网人群。

谷歌为什么要自建那么多海底光缆

虽然海底光缆行业不像高速公路那样的垄断，但整体而言，还是一个典型的以公共基础设施为主的赚钱方式。

但是，随着互联网的迅速发展，这个少数大公司对无数用户的格局，被逐渐打破了。这里面的核心角色，就是硅谷的互联网巨头，也就是谷歌、Meta[1] 等公司。这些公司原本的角色是使用海底电缆的客户，但现在，它们是投资铺设海底电缆最主要的力量。前文提到的私人海底电缆，最主要的所有者就是这些公司。

说一个数字，2023—2025 年计划或正在铺设的海底光缆中，45% 是由谷歌和 Meta 这两家公司出资的公司来运营的。如果把时间轴拉长到整个 21 世纪，至今全球 1/4 的海底电缆是由这两家公司铺设的。截至 2023 年，谷歌至少铺设了 17 万公里的海底光缆。按照 4

---

[1] 原 Facebook（脸书）公司。在 Connect 2021 大会上，扎克伯格正式宣布，将 Facebook 部分品牌改名为 Meta。

万美元 1 公里计算，再乘上谷歌在其中占据的份额，它在海底电缆这件事上的投入肯定是 10 亿美元级别的。

上述最主要的原因，就是互联网流量极其集中。根据 Similarweb[1] 的统计，截至 2021 年，谷歌、YouTube（油管）这两个网站的流量加在一起，超过了其他排名前 50 网站的流量总和，如果再算上脸书、推特、照片墙、奈飞，可能整个互联网近一半的流量，都是在访问这几个网站。抖音也正在迅速攀升到前 10。对这些公司来说，自己铺设海底光缆最大的作用有两个：第一个是安全稳定，第二个是省钱。安全稳定很好理解，如果把这么多的流量都寄托在其他电信公司身上，不论是技术故障，还是商业竞争，或是别的什么原因，一旦出现了问题，情况都是不可控的。同时，这些巨头的网站服务又特别全球化，无法承受海底电缆的失控。

所以它们自己逐步搭建了一个全球网络体系，首先是建立了很多数据中心，然后自己建海底电缆，把它们联系起来，这样自己的网站数据就可以传输到各个数据中心，再往下一层层传到各地，保证用户在用谷歌搜索，或者用 YouTube 看视频的时候，能够顺畅。

所以这些大公司建的海底电缆，一直在刷新速度纪录，像 2016 年，谷歌和中国移动、中国电信合作铺设的一条海底电缆，速度是 60tbs。2018 年，谷歌投入使用的另一条海底电缆，速度就达到了 160tbs，可以同时传输 7100 万个高清视频。

---

[1] Similarweb 是一个数字智能软件套件，可为用户提供网络跟踪功能，使企业能够密切关注网络流量、页面性能、关键字优化等。

其实最近几年海底电缆产业的增长热潮就是因为视频产业的崛起。因为在 2000 年初互联网泡沫的时候，电信公司曾经也跟风大规模铺设光纤，结果形成了光纤泡沫，因为那时的人们没那么多上网需求。电信公司投入了这些基建却丝毫未见收益，还形成了许多暗光纤，就是没使用的带宽。谷歌就把这些带宽低价买下来，这成为它前期节约成本的重要一步，很多文章直接评论说，YouTube 商业模式最大的优势，就在于它在带宽设施上的积累，让它几乎没有带宽成本。

从 YouTube 兴起，到后来奈飞的被热捧，再到社交网络、短视频大热，整个互联网的流量大爆发了，所以也就促使了海底电缆铺设规模的迸发。这就涉及大公司自建海底电缆的第二个原因——省钱。因为对视频网站来说，带宽费用往往是它主要的支出之一，像国内的 B 站、快手、爱奇艺，它们的带宽和服务器成本都要占总收入的 7% ～ 10%。

而由于这些网站占了这么多带宽，它们其实有很大的潜在付费压力。已经有一些电信公司要求这些网站付额外的流量费，因为它们占据了太多带宽。总之，为了避免这个风险，自建海底电缆肯定是个可供选择的方案。

总而言之，这是一个信息不断加速、人类社会联系更加紧密的过程。

重新回想菲尔德的壮举，其实在他整个故事里，除了他个人的光芒外，还有当时的社会氛围，所有人都在为这种技术带来的世界的融合而兴奋不已。不同的公司、不同的政府，也都愿意为此出力，共享收益。可以说，海底电缆从一开始就是一个用来分享的产品。而在当下，如果去搜索海底光缆的新闻，很容易发现它跟分享的关系越来越小，而经常和划分、退出、防范等词联系在一起。

从某种程度上说，海底光缆当下的状况，似乎也是整个互联网世界，乃至现实社会的一种映射。我们不知道这是否是一种必然，但可以肯定，菲尔德不希望商业是这样的。

劣币真能驱逐良币吗

19世纪中叶,英国经济学家亨利·邓宁·麦克劳德在一本经济学著作中写下了"格雷欣法则"。它可以被概括为简单的6个字:劣币驱逐良币。这6个字能成为一条法则,不仅因为它描述了自古希腊时期以来,东西方历代君主铸造金属货币之后反复遇到的问题,而且还因为它似乎也意外地适用于一些社会议题——次品畅销、小人横行。这些令人失望的局面,进一步佐证了"劣币驱逐良币"的法则。

但如果认真研究货币流通的过程和结果,会发现想要实现"劣币驱逐良币",需要许多前提条件作为铺垫,它更像是对于市场扭曲规则的一种忠实呈现。而在正常竞争中,"良币驱逐劣币"才是真正的主流,只不过有时候恰好又想避免这种结果。本文主要从这个流传甚广的"格雷欣法则"出发,通过几个历史上的真实案例,讨论货币之间因优劣之分而产生的竞争关系,以及竞争最终导致的社会影响。

劣币横行是贵金属铸币时代的常见现象

先介绍一下格雷欣法则。这个法则是根据 16 世纪的英国铸造局局长格雷欣的名字命名的。他发现市场上都是一些因为长期流通而磨损，或者成色不足的银币在流通；而成色更好的银币则被收藏，或熔化成金属块，用于国外贸易。

1558 年，伊丽莎白一世女王继位之后，格雷欣当上了英国的财政大臣，他给女王上书说："劣币与良币不可能同时流通，劣币最终将把良币逐出陛下的领土。"而 300 多年之后，英国经济学家麦克劳德在写一本叫《政治经济学基础》的书时，把这种现象确认为经济学上的一条定律，并根据格雷欣的名字将之命名为"格雷欣法则"。

其实在格雷欣之前，有很多人都在文献中提到过类似的现象，在西方最早可以追溯到古希腊时期，剧作家阿里斯托芬在其作品《蛙》中描绘了劣质货币泛滥而良币无人问津的局面，而在东方可以追溯到西汉时期，政治家贾谊曾说"奸钱日繁，正钱日亡"。"奸钱"指的就是劣币，"正钱"就是良币，这句话的意思就是在货币市场中，劣币会日益增多，而质量好的货币则会逐渐减少。

当时西方常见的银币和中国历史上流通的银子是有区别的。中国的银子也叫"银两"，它是一种称量货币，不同银锭之间的成色差异不大，价值差异主要体现在重量上。

而过去西方的银币，是用银和其他金属的合金铸造出来的，由官方规定银币面值与单位重量纯银之间的比例关系，也就是所谓的银本位制。买东西的时候，卖家说值多重的银子，只要按比例换算出来，给他多少个银币就可以了。这种银币，就是如今更常见的数量货币。

既然都规定了货币面值和纯银之间的比例关系，为什么还会出现劣币和良币的差异呢？这里就涉及两种情况：一种和生产方式有关，另一种和流通时间有关。

第一种情况，中世纪欧洲的银币很多是由私营铸币厂生产的，工艺也相对简单。合金里银的比例虽然有官方规定，但普通人很难用肉眼识别成色的细微差别。所以铸币厂为了节约成本，很可能就降低了钱币里银的实际比例。

另外还有一种方法，就是从原本成色合格的良币上锉下一点点，积少成多，用这些边角料就能铸出一枚新钱。如果一枚良币不断被这样挖墙脚，它就会变成有明显磨损和残缺的劣币。总而言之，就是理想化的对应标准遇到真实的贵金属加工时出现的误差。

第二种情况和流通时间有关，为什么流通时间长会产生更多劣币呢？一方面就是市面上的旧钱被反复掺杂、磨损，重新熔铸，显然会导致新钱的含银量越来越低。另一方面，如果国家本身的贵金属储备量不足了，君主也会倾向于发行与旧钱面值一致、但实际含银量更低的新钱。

其实在伊丽莎白一世继位的时候，市面上就已经没什么高含银量的旧币了，当时流通的钱里含银量都很低。所以格雷欣是想用这个现象，说服女王尽快重新发行成色十足的新币。

如果国家允许劣币与良币平等流通，实际上会刺激更多的劣币进入市场流通，并且最终形成通货膨胀。

假设有一枚面额 100 元的旧银币，它的含银量是 30 克。而在市场上，用 30 克银正好可以买到 100 根香蕉，相当于每根香蕉价值 1 元。

这时候，国家开始发行一种新银币，面额还是 100 元，但实际含银量只有 15 克，而且市场上都知道新币含银量下降了一半这件事。如果从含银量的角度看，这种新银币只能买到 50 根香蕉。但国家规定，新旧银币具有同等效力，而且商家不得拒收新币，违者法办。那消费者自然愿意用实际价值已经下降的新银币，因为还是能买回来 100 根香蕉。

所以商家会马上使用另一个工具来自保，就是价格。既然你货币贬值了 50%，那我就把价格翻一倍，每根香蕉 2 元。这样新旧银币的实际购买力就一致了。而消费者看到这个价格后，也会更倾向于使用新银币。因为旧银币虽然含银量摆在那里，但是面值是死的 100 元，现在只能买 50 根香蕉了。

所以导致劣币驱逐良币的，实际上是两种货币具有同等效力且商家不能拒收的这个国家规定。

如果死守这个规定，而且发行的货币越来越劣，通货膨胀就会越来越严重，消费者就会更倾向于把钱都换成实物储存起来。在极限状态下，市场会放弃货币，回到原始的以物易物的状态。这时候不管是劣币还是良币，就都被一起扫出市场了。

当然，如果前提改一下，就是商家不按规定行事，坚决拒收劣币、只收良币。那么这种情况下，自然就是良币驱逐劣币。

所以，"劣币驱逐良币"这个格雷欣法则，虽然叫法则，但首先不一定成立，其次即使成立，也可能只是一个短期现象，或者忽略了伴随而来的通货膨胀问题。在真实世界里，货币的流通价值变化，实际就是不断处理劣币和良币之间关系的结果。

一个国家，两种货币

上文提到的其实是格雷欣法则的一个原始版本，主要说的是一个国家只有一种货币，或者货币只跟一种贵金属价值挂钩的情况下，货币本身劣化会导致的结果。在货币体系中，这种情况叫作单本位制，最常见的就是金本位制和银本位制。

像 20 世纪中叶的布雷顿森林体系时期，美元就是标准的金本位制货币，每 35 美元可以无条件兑换 1 盎司黄金。其他国家的货币再与美元挂钩，也就是间接与黄金挂钩了，所以当时美元在国际货币体系中的地位是很强的。

但实际上，美国是直到 1900 年，才正式采用单本位制、美元只与黄金挂钩的。在美国建国的最初 100 多年里，采用的是一种更复杂的制度，叫金银复本位制，也就是同时发行含金、含银的两类硬币，通过规定硬币的重量和纯度，将它的美元面值分别与实际金银价值挂钩；同时规定，同等重量的纯金和纯银的价值比率恒定为 1∶15。

这种做法的好处是，用两种贵金属铸币，可以保证市场上货币供应总体比较充分，同时也尊重了美国独立之前，各地已经流通的传统货币。但问题也很明显，就是金银自身的价格波动，会影响两种货币的价值。

金银法定兑换比例是1∶15这个事，是1792年颁布的《铸币法案》确定的。但到1808年，实际的市场兑换比例已经变成了1∶16。也就是银相对于金贬值了。那这种情况下，当时的美国银币就变成了劣币，美国金币就是良币。

此后，美国就开始受到格雷欣法则的影响，一些商人开始将美国金币熔化并运往欧洲，然后兑换成外国银币，再将这些外国银币运回美国国内，在美国铸币厂重新换成美国银币，在这一过程中套取利润。也还有许多美国人选择将金币储藏起来，不用于日常的货币流通。如此一来，美国国内流通中的金币逐步减少，劣币驱逐良币，银币变成了主流货币。

面对这个问题，美国政府的做法是发行了面值不变、但重量更轻的金币，将金银的法定兑换比率调整成了1∶16。之后，金币外流的现象很快就消失了，金币重新回到了市场流通中。

但是到19世纪中叶，美国又出现了加州淘金热，黄金的大量开采，势必会再次影响这个金银兑换比例的关系。

一方面，这一轮因为黄金大量进入市场，就出现了完全相反的局面：银币变成良币，大家开始把银币熔化了大量出口，市场上流通的银币快速变少。相对于银币而言，金币变成了劣币。但由于美国本土发现的黄金储量确实非常大，政府为了解决银币流通变少导致的短期货币供应不足问题，还是铸造了大量的金币，尤其是增加了一些大面值金币的发行，这就为以后走向金本位制打下了基础。

另一方面，到1853年修订《铸币法案》时，美国政府是通过调整银币重量的方式，将银币引回到市场上。但这一次，银币主要解决的是低于1美元的小面值部分。加上这一版《铸币法案》限制了银币的自由铸造权，以及交易时的付款额度上限，银币的地位已经明显落后于限制更少的金币。

等到1873年，《铸币法案》再次修订时，法案中连与标准银币相关的铸造条款都没有了，这其实相当于默认废除了银币的本位币地位，也严重影响到了银矿矿主的利益。此后25年内，美国国内出现了支持"白银运动"的人与金本位捍卫者两军对垒的现象，金银之争也最终发展为党派之争：共和党人支持走向金本位，而民主党人则呼吁恢复自由铸造银币的权利。

在1896年的总统大选中，最终是共和党候选人麦金利获胜。美国也就因此在1900年明确了金本位制，成为当时全球主要工业国家中最后一个采用金本位制的国家。

从美国这一两百年的"复本位制折腾史"可以看出来，这种比较复杂的机制，很容易受到国内和全球市场上金银供应量的影响而产生价值波动。想要保证两种货币同时稳定流通，不受格雷欣法则的影响，就只能尽快矫正货币本身，但这对于政府的要求就太高了。

更何况最初制定这套机制的时候，美国人应该也没想到，自己国内就有这么多的金和银。每一次开发的喜悦，实际上都扰动了自身的货币体系。

当两个政权的货币互相竞争时，会发生什么

其实在一个国家里流通两种货币的情况在历史中并不少见，除了刚才讲的美国的复本位制，其实还有一种情况，就是存在两个政权。两个政权的对垒，也会造成两种货币的角力。比如20世纪40年代初，陕甘宁边区内"边币"与"法币"的竞争。

1940年皖南事变后，国民党停发八路军军饷，断绝了陕甘宁边区一切外援和绝大多数对外贸易。边区内部提出要自力更生，所以从1941年1月开始发行边币，名义上禁止法币流通。

当时因为条件有限，所以边币本身也非常简陋。而且发行货币只是第一步，想要把当时的全国通用货币，也就是"法币"挤出边区市场，才是更困难的事。20世纪40年代初，边区经济力量很薄弱，生产不能自给，当时的布匹、棉花、文具、农具、烟、糖、西药，甚至吃饭用的碗和缝衣用的针线都要靠输入，而能输出的大宗产品只有食盐。

而和边区外做生意，就必须使用法币，因为人家不认边币。所以尤其是在边区与国统区的交界地带，法币的优势始终比较明显，当局也很难用行政手段真的禁止法币在边区内流通。加上边区原本就有货币超发等因素的影响，1943年初的边区黑市上，1块法币还能折 4 块边币；而到当年年底，就已经跌到了 1∶10。

想在这么一个处处受限的市场里发展出一套强货币来，几乎是不可能的事。

1944 年来边区解决问题的，是擅长经济工作的陈云同志。他研究后认为，边区离不开进口贸易，所以很难淘汰法币。如果物价不能稳定，就要做到两种货币的比价稳定。所以他的目标是：尽快让边币和法币的兑换比例稳定下来，最好是达到 1∶1 的购买力水平。

一方面，边区要想办法开源，靠大生产和开荒实现更多产出，平抑物价上涨的势头；另一方面，就是货币改革，尽快调节边币和法币的关系。陈云当时提出了一个很有意思的方案，叫"偷梁换柱"。

其实就是在边币和法币之间，再发行一种过渡时期的准货币。当时边区的对外支柱产业之一是盐业，就由边区的盐业贸易公司发行一种流通券，流通券与法币的比价关系是 1∶1，而流通券和边币的比价最初定到 1∶9，最终发行的时候定到了 1∶20。通过发行不同面值的流通券，就可以将已经大幅贬值的旧边币尽快收回。

同时，由于流通券是准货币，不是真货币，就要在边区的财政部门，以及公营商店的日常流通里扶持其地位，规定在这些场合中只能用边币计价，只能使用边币和流通券交易。原本直接流入的法币，也通过边区银行尽量以流通券的形式进入边区。这样边区政府也有了一定的法币储备，再利用金价波动、择时将法币换成黄金或其他实物，就能更快摆脱对法币的依赖。

考虑到几年之后，这些法币因为一次失败的币制改革而急速贬值，早换成黄金和实物，还是很有先见之明的。

陈云原本的设想是，等到物价基本稳定、流通券成为主流之后，再发行新的边币，1∶1取代流通券即可。实际上，流通券在市场上发行一年之后，旧边币和法币的问题就基本解决了，所以此后就将流通券直接定为了边区内的实际流通货币。

所以在这个例子里，最初的边币其实是劣币，法币是良币。由于边区无法解决自身的贸易逆差问题，良币显然会加速驱逐劣币，那么靠边币实现自力更生就会变成空谈。而陈云的方案是，用边区自己的流通券作为良币，来驱逐劣币，这就有效挤压了法币的流通空间。

另外就是，相比直接让边区政府发行新货币，用贸易公司流通券这种有实际业务和商品作支撑的准货币来逐渐驱逐旧币，市场的接受度更高。这也避免了很多国家目前常见的"休克疗法"后遗症，也就是新货币发行后常见的经济衰退问题。

曾三种货币共存的深圳特区

劣币和良币到底谁驱逐谁，是会受很多外部因素影响的：既有这个货币本身的价值基础，也有当时市场的金融和贸易背景。货币是一个很复杂、很微妙，但掌握好了又能发挥很大作用的金融工具。

除了前文提到的市场里两种货币的竞争，还有可能存在三种货币的情况，案例就发生在改革开放早期的深圳特区。准确来说，其中两种是官方货币，分别是原本就在深圳流通的人民币，以及因外商投资、消费、贸易而流通进来的港币。还有一种是准货币，就是与人民币等值、仅限境外人员使用的外汇券。因为外汇券当时可以买到一些其他地区难以买到的商品，所以它的购买力也要强于票面价值。所以在深圳的某些地方，可以看到用三种货币分别标价的商品，从中也能直观看出三种货币的优劣。

同样一条裤子，人民币售价是8.5元，同样用人民币计价的外汇券是5.8元，港币标价是8元，但8元港币按当时的外汇牌价折成人民币，只有2.43元。考虑到当时特区的开放程度，商家显然不会拒收港币，但还真不一定愿意收人民币。

所以在这个阶段，一定要下论断的话，是良币驱逐劣币。而这个背后，是当时香港和深圳经济实力的巨大差距。

而这种港币驱逐人民币的形势，又导致了走私和黑市外汇买卖活动。当时深圳的外汇黑市上，100元港币最高可兑55元人民币，比外汇牌价水平高出19.6元。外汇券也是相对的良币，所以用人民币买外汇券要加价30%。这种加速挤压人民币流通空间的情况，很快就引起了特区政府和中央政府的注意。到1981年春天，当时兼任中共深圳市委第一书记的广东省副省长吴南生就提出，是不是能发行特区自己的货币。

其实发行特区币，主要是为了防止港币作为良币的加速渗透。因为1981年深圳市做了统计，截至当年11月底，深圳市面上大约1/10的流通货币都是港币。考虑到深港两地当时的经济水平差异，短期内良币加速驱逐劣币,也不是不可能。

所以,虽然学界当时对于是否要发行特区币看法不一,但国务院很快就成立了国务院特区货币研究小组。当时国务院副总理田纪云的指示是:小组的任务不是研究发不发行特区货币,而是研究如何发行最好。

这个研究小组的组长,是时任中国人民银行副行长的刘鸿儒。他曾在接受一次采访时回忆道:当时为了调研下乡走访,到一位农民家里,人家说"请你们等一会儿",结果很快就带回来很多进口饮料,说是刚才去香港买的。这件事对团队的思想冲击很大,因为他们意识到深港两地往来这么密切,目前割断港币进入特区是不可能的,只能想办法让特区货币在未来发挥作用。

之后经过多轮研究讨论,到1984年中,特区货币的方案基本形成,核心有以下几点:一是实行独立的外汇制度,各类外币要能与特区货币自由兑换;二是特区货币价格以人民币汇率价格为依据,但与人民币不互兑;三是特区货币发行后,特区内停止港币和外汇券流通;四是香港回归后,特区货币可以在香港与港币按1∶1对价流通。

当时就是希望在短期内能以特区货币取代港币和外汇券,但不影响人民币,长期在香港也能当港币来用。中国人民银行牵头的货币发行小组,也已经开始为正式发行货币做准备了。比如,他们已经买了两栋楼作为未来的造币厂厂房,并挑选造纸厂的厂址,印刷设备和技术引进的意向书也已草签。

另外,特区货币票面的设计和面值也都确定了,纸币正面用的是三皇五帝中的黄帝像，背面图案根据面值不同，分别是长城、颐和园、桂林、庐山和华山。时任国务院副总理谷牧还评价说：特区货币上选用黄帝的头像，有利于团结广大港、澳、台、侨同胞，也有利于对外经济的开展。

但是到 1985 年，基本只差临门一脚的特区货币方案被暂缓了。当时人大常委会会议给出了反对意见，主要原因很简单，就是一个国家不宜搞两种货币。

陈云同志此前也给过一个意见，他的顾虑是：如果各个经济特区都利用政策优势，搞自己的货币，这些货币的"腿"会不会越来越长，也就是流通范围越来越广，最终挤压到人民币的流通空间。从这里就可以看到，在陈云看来，当时的"良币驱赶劣币"是客观规律，他其实担心的是人民币。

那么深圳这个港币和外汇券不断流行的问题，怎么解决呢？

这就是历史有意思的地方，随着改革开放的深入，特区经济不断发展，人民币在深圳市场的地位实际也在日渐恢复。到 1987 年，深圳市场上外汇券的流通量已经萎缩至 0.1%；再过了几年，到 1991 年，港币在深圳的流通量也从最高峰的 48% 左右，快速下降到了 9% 左右。

在这种背景下，特区货币用于调节、限制三种货币互相竞争的价值其实也已非常有限了。

"劣币驱逐良币"的前提条件

"劣币驱逐良币"这个格雷欣法则其实不是一个非常常见的现象，因为必须满足几个前提条件：

一是良币和劣币要具有同等的流通和兑付效力，而且两者之间的官方比价要稳定；

二是市场上的货币总量，要超过实际的流通需求。

比较典型的例子，还是美国实行金银复本位制时期的几次货币波动。但它们也都是短期现象，从中长期来看，政府为了维持原本的货币政策根基，还是会在钱币的价值、兑付规则、金银比价这些指标上做调整，最终回到两种货币不分良劣、长期共存的均衡状态。

三是格雷欣法则一般只发生在一个国家的范围内，是国家内部的良劣竞争。跨境贸易的部分，这些货币是良是劣，就要重新判断了。

像边币与法币的竞争，人民币与港币、外汇券的竞争，看起来是所谓反格雷欣法则的"良币驱逐劣币"，但实际上还是因为这些货币背后的政权实力和货币制度赋予了货币不同的流通认可度和实际购买力。人们会根据这些指标，来重新认定货币优劣，良币的接受度要远高于劣币。

这可能也给我们打开了一个新的思路：在小的、封闭的生活或者职场环境中，与其反复纠结自己是否作为"良币"，被"劣币"驱逐了，其实也可以把视野放开阔一些，在更大的范围内，再确认你是不是真正的"良币"。

正如高价值的金银，会在全球贸易和各国的货币体系变动中来回流动那样，商品的价值、人的价值，有时也是在流动中才能体现得更清楚的。离开了在条条框框之下互相倾轧、高度内卷的小圈子，才有可能迎来更公平的竞争。

贩卖商业模式的商业模式

达美乐在全球是如何轻轻松松开出数万家门店的？为什么中国、美国和澳大利亚的麦当劳会送完全不同的玩具？卤味摊和奶茶店招牌上的"加盟热线"到底通往何方？这些问题的答案其实都是同样的四个字：特许经营。

简单来说，特许经营所卖的，其实就是商业模式本身。它将一家公司成功的方法论、要点、细节全盘托出，一个潜在的生意人照着做，就有可能复制了别人的成功。

20 世纪 60 年代，这个思路让一家美国加州的家族汉堡店，也就是麦当劳，拥有了覆盖全世界的能力。而现在，虽然越来越多的品牌开始强调所谓 DTC（Direct to Consumer，指直接触达消费者的商业模式）的价值，但在餐饮、零售、酒店等行业内，特许经营仍是最主流的生意模式。万豪、希尔顿，以及零售业的 7-11、全家，它们能在短时间内获得世界范围内的成功，都离不开特许经营模式。

当然，任何生意都有风险，而特许经营模式本身的一些脆弱性，还会进一步放大做生意的风险。

我们首先回到 20 世纪 50 年代的美国，讲述一位推销员的故事，是他创造了特许经营模式，并彻底改变了麦当劳的命运；然后，关注改革开放后的中国市场，跟踪几家以特许经营模式出名的洋品牌，看看它们在入华后到底如何处理与特许经营商的关系；最后，探索一下特许经营商有没有反客为主、实现自身更大发展的可能性。

谁真正发明了麦当劳

前文提到的推销员就是被称为麦当劳之父的雷蒙·克罗克，关于他还有一部电影，叫《大创业家》。麦当劳之父，不姓麦当劳。因为他确实没有参与建立最初的麦当劳。麦当劳最早就是一家好吃的汉堡店，由麦当劳兄弟打理，不是连锁店，只是一个家族生意。这家店火的时候，克罗克在一家公司里推销奶昔机器，结果接到了一个客户的需求是：我想要一台和加州圣伯纳迪诺的麦当劳兄弟一模一样的搅拌机。

克罗克觉得这个需求未免具体到有点离谱了，于是他直接坐飞机到加州的麦当劳餐厅查看。这个店里有8台奶昔机同时工作，每台奶昔机可以同时制作出5杯饮品（这对于1954年位于加州一个偏远小镇里的餐厅来说实在是难以想象的事情），这说明店里的生意已经好到快忙不过来了。店里的汉堡、薯条也是价廉物美，消费者可以开车到窗口点餐、取餐，十分方便。

克罗克当时已经52岁了，他一眼就看出了麦当劳餐厅这套经营模式的厉害之处，于是向麦当劳兄弟申请成为"特许经营商"，可以在除了加州和亚利桑那州的全美其他地方开麦当劳餐厅。

克罗克确立了麦当劳商业模式的主要特点之一：标准化。不仅在餐品和门店的运营思路上，全盘复制了加州的麦当劳老店，而且将所有能想到的操作环节都尽量标准化。比如门店员工的培训、改良操作工具、引入定量分析仪器等，最终形成一个"时间精准且完全自动化的制作流程"。

这套标准化的体系，其实就是连锁品牌和单店之间最显著的区别。很多人觉得连锁品牌的出品和服务缺乏个性，没有小店特有的氛围和灵魂，但反过来说，提供稳定如一的服务，其实才是连锁品牌的目的。

在克罗克为麦当劳开发出特许经营策略，以及与之配套的运营方法论之后，麦当劳就借着美国人口增长、公路网开发以及私家车普及的多重红利，成为一个价值被快速放大的重要品牌。到1961年，克罗克反过来以270万美元的价格，收购了麦当劳兄弟手上的品牌经营权。他还承诺，每家以特许经营模式开出的麦当劳，都会支付1%的收入给这两位创始人。实际上，麦当劳兄弟好像从来没有收到过这笔收入分成，这也是克罗克受到的争议之一。

但从其开创的特许经营模式中，我们可以总结出几个要点：

一是品牌方授权，特许经营商不能擅作主张以某个品牌的名义开店。事实上，品牌对于特许经营商一般都会有入门门槛，希望能熟悉当地市场，或者自带一些商业资源。

二是标准化和体系化，品牌方向特许经营商输出的是一系列已经被验证过的经营技巧、产品参数和管理方法,到后期还包括高品质的原料、物流供应商,以及门店选址、装修方案,等等。

三是收益共享,为了获得这些成功的方法论,并运营好一家自己的店铺,前期要付出很多成本,所以运营中的大部分收入还是归经营商,否则很难回本。但是势必有一些收入是要流回到品牌方手上的。

特许经营的核心,差不多就是以上这三点,不同品牌可能在一些细节上有点差别。比如麦当劳在传统的特许经营模式之上,还有一层房地产属性,由麦当劳自己把适合开店的土地买下来或是长期租用,再转租给特许经营商,这部分租金可以占到麦当劳收入的1/5,是很重要的一块。但是一些非常轻资产的品牌,比如国内近几年常见的奶茶店、卤味店,就是让加盟商自己去进行店面的选址。

那像奶茶店、卤味店这种招牌上写着加盟电话的连锁品牌,也算是特许经营吗?或者说,加盟和特许经营,有什么区别吗?

这就涉及几个名词的辨析,包括特许经营、加盟、品牌授权、代理和经销商。

特许经营和加盟在中国市场的语境中基本是一样的,它输出的都是标准化的经营模式和服务,在经营层面的管理是比较严格的;品牌授权输出的其实就是品牌本身,比如商标的使用权,所以品牌授权模式下经营者的自主发挥空间一般比较大。一般来说,特许经营都包含了品牌授权。

那么特许经营和代理、经销商的区别是什么呢?

它们之间有类似的地方，但区别主要是看品牌方提供的是什么。特许经营商从品牌方手上拿到的是一套方法论，属于无形资产，不是有形的产品，餐饮品牌就很符合这种模式；而代理商和经销商，从品牌方手上拿到的是用来销售的产品，比如球鞋、家用电器等。

对于消费者来说，他看到一个品牌的门店，可能很难一下子判断出其背后的经营者是什么背景、什么经营模式。但是对于源头的品牌方而言，其实对外输出什么资源、提出什么要求、是否涉及实体商品，各种模式之间的区别还是比较明显的。

"不从零开始"拥有一家肯德基

作为一个诞生于美国的商业模式，它是怎么在中国火起来的呢？

这里就涉及两个问题。一个是特许经营模式本身，它的这套思路其实很好懂，不管放在哪个国家，当地的经营者学就是了，所以国内其实在改革开放之后，很快就有了特许经营模式的试水。

最擅长做特许经营的品牌，像麦当劳、肯德基，都是外国品牌。而中国在改革开放早期，几乎只允许外资品牌以合资或独资的方式进入中国市场。直到重回世贸组织之后的2003年，中国才完全放开对外商的特许经营。

那时候大家其实都是摸着石头过河，中国对于外商投资的管理本身就很严格，外国品牌也要花很多时间来熟悉中国消费者和消费文化。凭一纸特许经营合约就敢让合作伙伴在中国开店，也确实是几乎不可能的事。

所以肯德基从 2000 年开始，就在中国市场尝试了一个独特的做法，叫"不从零开始"，先由肯德基开直营门店，运营一段时间，再将成熟的门店整个转让给特许经营商。

当时肯德基在国人眼中还是比较稀罕的洋快餐，所以这些门店都非常赚钱。所以这种特许经营一经开放，肯德基中国总部每天都要接到数以百计的电话和来信咨询。

对于特许经营商来说，不从零开始当然是个极其完美的生意了。但对品牌方来说，前期养店的投入很大，和做一个标准的直营店没有两样，展现不出特许经营这种轻资产模式的优势。

其实星巴克中国早期是比较接近真正意义上的特许经营案例的。当时星巴克在北京、上海和广州市场各有一个当地的合作伙伴，北京是美大，这是私募基金汉鼎亚太与北京本地乳企三元的合资公司；上海是统一集团，是实力很强的台企；广州是美心，也是珠三角市场非常知名的餐饮零售品牌。在北京与广州的星巴克公司中，星巴克是完全不占股份的，只收品牌加盟费和广告费这些小钱；上海的星巴克公司中，星巴克占股也只有 5%，抽成也只抽门店利润的 5%。

但是星巴克中国现在已经是一个全直营的模式了，一个合作伙伴也没有，股权关系也很干净。这就是因为星巴克一进中国市场就已经赚得盆满钵满了。资料显示，2001 年上海星巴克的收入超过 6000 万元，2002 年超过 1 亿元，单店赢利能力相当惊人。在这种大好形势下，品牌门店改为直营的话，显然赢利会更多。所以舒尔茨很早就强调中国会以直营模式经营。

2003年，星巴克先在上海公司中增持股权到50%，和统一的关系从授权特许经营变成平等合作；2006到2007年，特许经营商所持有的北京与广州星巴克多数股权被星巴克买下，最后一笔是三元手上北京星巴克10%的股权，当时挂牌价接近4700万元，也就是说当时整个公司就值4.7亿元。

实际上由于"不从零开始"这个思路，肯德基与麦当劳，尤其是麦当劳，在中国的拓展速度并不理想，加上消费升级、经营成本上升，以及一些食品安全问题等因素，品牌需要以更灵活的姿态应对市场变化，于是就有了2016年百胜中国的拆分，以及2017年麦当劳中国的调整。

百胜中国就是肯德基的母公司，旗下还有必胜客和塔可贝尔（Taco Bell）的在华业务——曾经还有个东方既白。

但实际上这两家公司的中国业务拆分，都有一个大前提，就是要把它们在华的这个公司实体，直接变成母公司授权的特许经营方。在此基础上，百胜中国和麦当劳中国各自又引入了新的投资者，前者找了春华资本和蚂蚁金服，后者找了中信集团、中信资本和凯雷。

相当于在全球层面，这一系列的操作首先实现了名义上的特许经营，其次引入新股东，可以让这个特许经营商从股权结构上看起来更多元化、资源更丰富，最后股东的增资可以直接用于拓展市场。

由此可以看到近几年麦当劳中国和百胜中国旗下的品牌，都有很多本土化的创新，乃至新产品、新的子品牌。这是因为，它们在理论上都已经脱离了品牌的直营体系，允许有自己的发展空间。

洋品牌与它们的特许经营商

如果换一个角度，从特许经营商的角度来看：和一个品牌绑定得这么紧，还只能躲在后面默默经营，是不是也有点尴尬？

举个例子，美国炸鸡品牌 Popeyes 在 2020 年其实算是二次入华，它的首次入华其实可以追溯到 1999 年，也是品牌方直营，但经营不善，到 2003 年就退出中国市场了。所以二次入华的时候换了比较稳妥的特许经营模式，由一家叫 TFI 的专业公司来打理门店。TFI 也是汉堡王在全球市场重要的特许经营商之一。

2022 年 8 月，Popeyes 突然集中关闭了位于江浙沪的 7 家门店。在此次关店事件后 Popeyes 确定改由另一家叫笛卡尔资本的公司接管中国区的特许经营权。笛卡尔资本也是个很有意思的公司，它跟汉堡王中国以及咖啡品牌 Tims 的中国业务关系很深。

但如果是一个实力比较一般的普通特许经营商，受制于品牌的概率就会高很多了。在这个背景下，特许经营商想要反客为主，获得比较大的发展空间尤为艰难。但它的优势在于业务稳定、收入可预期性高，很适合投资。特许经营商有 3 种比较常见的投资方式。

一是自主融资，就像百胜中国一样引入新股东，或者凭借现有业绩上市融资。比如咖啡品牌 %Arabica 在华的特许经营商，叫幸运王牌（Lucky Ace），2022 年被彭博社曝出希望以 12 亿美元的估值，引入 3 亿美元的融资。

而特许经营商独立上市融资，2022 年上半年正好也有一个例子，是达美乐在中国内地、中国香港和中国澳门的独家总特许经营商，叫达势股份。不过提交招股书的时候，达势股份还没有实现赢利，从 2019 年至 2021 年，3 年内的累计净亏损有 9.27 亿元。

现制比萨因为非常标准化、重服务，其实是一个很适合特许经营的餐饮细分方向，必胜客、达美乐和棒约翰都是走的这个模式。

二是拓展品牌。事实上，很多特许经营公司都不只管理一个品牌，最典型的如百胜中国旗下管理的特许经营公司就有肯德基、必胜客、塔可贝尔等。再举一个例子，这个公司叫 CFB，它 2003 年起步时是做棒约翰的特许经营的，到 2005 年又开始在中国南方市场发展了另一个冰激凌品牌——冰雪皇后（Dairy Queen，DQ）。

在商店冰柜里还没有"雪糕刺客"的年代，DQ 和哈根达斯就是那种最尊贵的冰激凌品牌了，可以坐在店里慢慢吃。而 DQ 的价格比哈根达斯还稍微便宜一点，所以挺受欢迎的。

CFB 的核心业务其实就是做棒约翰和 DQ 的特许经营，后来 CFB 将主要精力也放在了 DQ 这边，帮助 DQ 进行产品创新和门店扩张。但到 2017 年，CFB 又先后接下三个新品牌，分别是轻食餐厅"悦璞食堂"、川菜品牌"三道入川"，以及快餐品牌"遇见小面"。

CFB 也有一些资本层面的变化。它原先的最大股东是一家瑞典的私募基金 EQT，剩下的主要股东也都是私募基金。而到 2021 年 11 月，一家名叫方源资本的中国基金从老股东手上收购了 CFB 的多数股权，价格大概是 1.6 亿美元。

特许经营商因为手上现有的门店规模大、业绩稳定可预期，其实非常适合投资。最后一种姑且称其为"发展副业"，就是在特许经营范围之外、自己又比较擅长的领域上做一些其他的工作。

一个挺复杂的例子，就是便利店品牌日本全家在中国的特许经营商——台企顶新集团，它是康师傅的母公司。

早期全家和顶新的关系还是挺好的，2000 年全家就授权顶新在中国开便利店了，到 2004 年特许经营整体放开之后，为了拓展业务，就成立了一个包含 5 个股东的合资公司，顶新在其中占股最大，开始就有 50.5%，后来进一步上升到了近 60%。如果有人想要开一个特许经营的全家便利店，就要向这家合资公司申请资格。

为了把全家便利店这个新鲜事物做起来，顶新方面引入了很多自己的产品研发方案和行业资源，像是全家在中国的鲜食工厂、物流合作伙伴，几乎都是顶新的关联公司。日本全家在合资公司里占小股，但毕竟是品牌方，它对于顶新很多本土化的发展策略，比如去拓展低线城市市场，其实是不太认可的。

所以虽然全家门店越开越多，但品牌和特许经营商之间的矛盾实际上是在深化的。

到 2018 年，日本全家突然到合资公司的注册地开曼群岛法院发起了诉讼，起诉顶新拖欠了 7 个月的品牌使用费，并拒绝向合资公司披露业务数据。而顶新一方面解释自己没有拖欠费用，另一方面也指出全家提出的 1% 品牌使用费率太高，应该降到 0.3% 甚至更低。

最终日本全家败诉，然而这并不代表全家与顶新之间的纠纷就此结束了，因为双方的特许经营合同并未到期，起诉风波之后是否续约结论不明，矛盾也可能进一步升级。

其实顶新的业务本身就比较多元，光是康师傅这个牌子的覆盖度就远超全家便利店。而在便利店这部分，顶新其实想利用的，就是前文提到的后台能力。

有行业媒体报道称，2022年初全家中国的高管接触了江西的有家便利。有家便利当时的经营状况不佳，急需输血，而向它提供资金支持的就是顶新的供应链公司，叫顶实仓储。另外还有消息说，全家中国的工程部门目前已经变成了独立子公司，自负盈亏，但可以向第三方输出类似全家的便利店形态及整体设备装修方案。

简单来说就是，除了前端运营业务，若是想开别的便利店，或是寻找与物流、鲜食工厂的合作，甚至是资金支持，顶新的其他相关部门都会提供帮助。

当然这里也有一些特殊之处，就是顶新作为一个特许经营商，它所掌控的资源和业务必须到非常广、非常深的程度，才可能去做这些"以下犯上"的事。而在一般的特许经营模式中，产品、供应链和装修解决方案这些，主要都是由品牌方掌握的，双方的初始话语权就有差异。

俄罗斯的"麦当劳"和"星巴克"长啥样

关于特许经营，还存在极端特殊的案例，即真正意义上的反客为主——由特许经营商买断一个品牌在当地的所有业务。案例就发生在 2022 年的俄罗斯市场。当时很多国际品牌都抵制俄罗斯，想要退出当地市场，而这些品牌最终就是由合作的当地特许经营商接盘的。比如麦当劳，它的俄罗斯业务规模其实不小，有约 850 家门店，当地员工总共有 6.2 万人，最终这块业务卖给了一个叫亚历山大·戈沃尔的特许经营商。

戈沃尔之前在西伯利亚地区管理着 25 家麦当劳，当然这只是他的工作之一。根据 BBC 的报道，戈沃尔还是一家炼油公司的联合创始人，并参与管理一些酒店和私人诊所的业务。

根据这个协议，戈沃尔接手之后，这些麦当劳就不能叫麦当劳了，因为品牌授权的关系没有了，后来改名叫"只有美味"，也启用了新的标志。原来的麦当劳是红底上的 M 字金拱门，而"只有美味"是绿色背景，用一个红色圆圈和两根橙色线条组成了 M。另外据消费者说，食物的味道和价格跟原来差不多。

还有一个品牌在退出俄罗斯市场之后，被接手的特许经营商阿尔沙亚集团（Alshaya Group）稍加改造——品牌名由星巴克改为了星咖啡（Stars Coffee）。这家店的新标志与星巴克很像，但不再是头戴星冠的双尾女妖，而是一名戴着有星星图案的俄罗斯传统头饰的女子。在 Stars Coffee 的网站上，还有一句很有趣的广告语，叫："巴克（Bucks）走了，星（Stars）留了下来。"

像俄罗斯市场这样的变动，确实是相当罕见的，由此也能看到商业活动在极端情况下的生命力。如果没有特许经营者打下的基础和接盘的举动，如果有人真想吃汉堡、喝咖啡的话，可能就要花更多时间寻找替代品了。

特许经营，确实是一个充满魔力的商业模式。因为从它的本质来看，它就是一组契约关系、一纸合同，甚至输出的也都是方法论这样的无形资产，乍看上去一点都不实在。但就是这样一个思路，能够创造遍布全世界的各类连锁餐厅、饮品店、便利店和酒店，将品牌的影响力发挥到极限。这首先需要品牌方和经营方彼此信赖，其次经由双方共同努力，才能得以实现。

另一方面，品牌方通过特许经营这个模式，也实现了相对稳定的收入，以及部分的风险转移。而特许经营商是否能独立经营乃至获利，以及能否长期维系好与品牌相对脆弱的契约关系，这中间的尺度其实是很难把握的。

从契约的角度思考市场与企业，其实是著名经济学家科斯提出的独特视角，这种以契约为核心的方法论可以是非常简洁乃至抽象的，但在此基础上的博弈与决策，以及真实世界的复杂性，会让它变化多端。越简洁的本质，越可能演化出富有生命力的各异形态。

"毒丸计划"有多毒

很难想象，马斯克对推特的追求从一条玩笑般的推文开始，就这样走向了现实。

马斯克的这次行动，算得上是典型的闪击战。从 2022 年 4 月 4 日起他第一次披露对推特的持仓比例，到推特董事会接受报价的 4 月 25 日，整个过程只有 20 天。这 20 天里，推特最开始想用怀柔政策，给马斯克准备了一个董事席位。发现无法阻止他之后，4 月 15 日推特董事会宣布，要用"毒丸"计划阻碍马斯克的收购。只不过，这个"毒丸"计划并没有奏效。

商场如战场。在 20 世纪美国资本市场的兼并潮中，收购与反收购的尔虞我诈时刻上演，就此也衍生出各种各样的反收购策略方案——"白衣骑士""焦土战术""皇冠上的明珠""金色降落伞""帕克门"……其中，此次被推特提及的"毒丸计划"，是被大企业最广泛认可和使用的方案之一。

正如它的名字，"毒丸计划"通过增发股票、稀释股权的方法，能让一次收购案变得无用、痛苦，乃至伤及收购方自身。基于 1985 年两家美国公司之间的一场经典诉讼，"毒丸计划"在过去几十年间也在不断演化、完善，并影响包括中国在内的其他市场。

尽管不是所有国家的法律制度都支持公司使用"毒丸计划"抵御外部威胁，但这不妨碍它屡屡成为精彩商战故事中的绝妙一手。

1985 年，一份 48 页纸的初代"毒丸计划"

"毒丸计划"其实是个俗称，它的正式名称是"股权摊薄反收购措施"，在 20 世纪 80 年代初由一位美国律师提出。

顾名思义，这是一个通过调整公司股权、降低收购者在整个公司中持股比例的计划，它让公司变成一颗昂贵又难吞下的"毒丸"，从而让收购者放弃收购。

20 世纪 80 年代的美国，市场整体比较低迷，经济下行、企业利润率普遍很低，上市公司的股价也低。这时候，一些估值低的好资产就变成了不错的机会，很多人愿意溢价收购这些公司，据说当时外部对公司的收购价一般都在原股价的 1.5 倍到 2 倍。

所以，当时美国市场掀起了一股收购热潮。其中，也有些公司的管理层不愿意把公司卖掉，眼见谈判不成，收购者就可能选择欺骗或者偷袭，这就构成了所谓的"恶意收购"。为了应对这种做法，就需要设计一些反制策略，而促使其实现的就是当时美国最好的一批公司并购律师。

"毒丸计划"的提出者叫马丁·立普顿，他就是一个非常专业的金融并购律师。在 1983 年前后，立普顿曾经用一套比较简单的方案，帮助一家瓷器公司避免被另一个家族企业收购，这就是初代"毒丸计划"的前身。但初代"毒丸计划"在他手上真正发展成一整套完善的方案，还要等到1985年的"Moran（莫兰）vs Household（豪斯霍尔）"案，这也是一个非常经典的判例。

Household是一家综合的控股公司，金融、贸易都做，莫兰原本是这家公司的董事。1985年，莫兰想从外面借钱把Household买下来，也就是所谓的杠杆收购。但是Household拒绝了这个想法并且找到立普顿律师设计了一套防止被恶意收购的方案。方案很复杂，写了48页纸，总体分为4层。

第一层：Household给股东发了一笔特殊的股息，股息的名字叫"特别股票认购权"，也就是可以买公司的特定类型优先股。但是这个认购权不是发了就能直接用的，要满足一些特定条件才能用；股东也不能不要这个认购权，因为它跟股东持有的股票是1∶1绑定在一起的，除非把股票全抛了。所谓的"毒丸"，其实就是指这个特别股票认购权。

这个"毒丸"的触发条件，就是方案的第二层：如果有人披露持有了Household 20%或以上的股份，或者对Household 30%或以上的股份直接提出收购要约（这两种情况只要出现一个），就会激活"特别股票认购权"。潜在收购方在扫货Household股票的时候，也得把这些认购权买下来，就是收购方必须吞下这个"毒丸"。

那么，这个毒丸到底"毒"在哪里？方案的第三层就是"毒"的部分：一旦Household这家公司真的被收购了，Household股东手上的每一份特别股票认购权，都可以用 100 美元的价格，去买合并后新公司价值 200 美元的股票。也就是说，如果有人收购了公司，那老股东就可以用半价去买新公司的股票。

当然，这里有个前提，就是收购是通过换股形式，而不是全现金收购。当时美国大多数的收购都是杠杆收购，收购者要去向外界发债、发股票来筹钱，不太可能真的拿出纯现金，所以这个前提基本会满足。

可以半价买新股票，老股东们几乎都会持有肯定态度，这样收购方在新公司里的持股比例就会被稀释，也有可能直接丧失实际控制权。到这一步，"毒丸"就已经产生效力了，即使 Household 被收购，原来的股东在新公司里也可以保持主动权。

立普顿还给这个方案设计了第四层，就是"毒丸计划"的"解毒剂"。

"毒丸"可以在两种情况下触发：其中一种是针对 30% 或以上股权的收购要约。如果 Household 的董事会认定收购方没有恶意，想要接受，就需要先把"毒丸"的"毒"解了。按照立普顿的设计，Household 的董事会可以在股东真正行权之前，随时以 50 美分/份的价格把认购权买回来，如此低的价格实际上等于消解了"毒丸"，因此被视为"解毒剂"。

而另一种触发情况，就类似于 2022 年马斯克收购推特，先突然买入不小比例的推特股票，再谈条件，这种一般会被认为是恶意收购。这种情况下"毒丸"就一定会释放"毒性"，无药可解。

"毒丸计划"其实是一份预防性合约,想要生效,需要收购者先把这个公司的股份买下来——等于是把东西吃到肚子里后,"毒性"才开始发作——实际操作中,它更像是一个警告。

立普顿给 Household 设计的机制,之所以会变成一个判例,也是因为收购方莫兰预先知道这 48 页纸的保护作用,所以先向法院申请撤销这个"毒丸计划",让它根本无法发作。莫兰当时也请了华尔街另一派精英律所,与立普顿的律所对峙。最后,特拉华最高法院支持了立普顿,这套保护机制也就变成了第一代"毒丸计划"——Flip-Over Pill,中文翻译为"外翻式毒丸",其实更直观的意思是"反向毒丸",就是"等你收购了我之后,反过来再收购新公司的股份"。

新浪对抗盛大收购时,已经用上了"二代毒丸"

"毒丸"产生效力的前提,是公司确实要被收购、合并到新公司里,股东才能开始半价买入新公司股权,去稀释股份。那么,这就产生了一个问题——"毒性"生效比较慢。收购方作为"吞毒丸"的人,其实可以不用合并,只要花相对较少的成本收购到相对控股状态,然后慢慢把董事会调换成自己人,就可以解除"毒丸"了。

但是过程还是太迂回,所以,立普顿后来自己也开始进一步改良,开发出了第二代毒丸——Flip-In Pill,中文翻译是"内翻式毒丸"。

它和第一代毒丸的主要区别是,不需要公司被实际并购这个前提,只要潜在收购方获得了公司的 20% 股权,"毒丸"就生效,马上允许公司现有的其他股东以半价购买增发的新股,直接开始稀释收购方的持股比例。这一计划比第一代"毒丸"简洁了不少。

2005年新浪阻击盛大收购,采用的就是"内翻式毒丸"。

当年,盛大是中国最大的网络游戏运营商,而新浪是中国最重要的门户网站。盛大一直有一个做"网络迪士尼"的梦想,收购新浪可以为它直接增加一块无线增值业务的广告收入、一大批全新的用户,以及一块响亮的媒体品牌。

于是,盛大从2005年1月中旬开始慢慢在二级市场购买新浪股票。恰好在2005年2月初,新浪预告当年一季度的财务数据可能不够好看,公司股价暴跌了26%,盛大又趁势加仓。直到春节回来的第二个工作日,盛大直接发公告说,和公司的控股股东合计已经持有新浪19.5%的股份了。

3天后,新浪在财务顾问摩根士丹利的帮助下,拿出了一个"毒丸计划"。具体方案是:先给所有股东按持股量1∶1发购股权,一旦盛大方的持股比例再增加0.5%到20%,或是任意其他股东增加持股比例到10%,其余股东的购股权就生效,可以半价买入新浪股票。

这其实就是一个简单的"内翻式毒丸"计划。当时有过测算,在宣布"毒丸计划"的时候,新浪的股票价格大概是28美元;如果这个计划被有效实施,就可以将盛大完全收购新浪的价格成本提升到93美元。

盛大最后知难而退,把自己持有的新浪股票都卖掉了。从并购来说,这是个失败案例,不过从炒股的角度,盛大还是赚的。

其实新浪的整个"毒丸计划"方案里，还包括了真被并购后会启动的"外翻式毒丸"，是一个双保险。目前很多公司的"毒丸方案"，都是同时包括内翻和外翻的，如果有心，还可以在很多细节上强化毒丸。

举几个例子，一个就是推特在董事会里的一个设计——"错层董事会"。推特将自己的董事分为三类，任期三年，每一年轮流换届。如果收购方想要通过换董事会成员来收回毒丸、控制公司的话，这个制度就保证了收购方至少两年后才能达到这个目的。

新浪当年也类似。它的董事会每年选举一次，每次选出9名董事会成员中的3名，如果盛大收购后要全部更换掉目前的9名董事会成员，还至少需要两年的时间才能完成新董事会的组建。想象一下，在飞速发展的互联网市场，两年时间对盛大来说意味着什么。

另一类就是所谓的"死手毒丸"（Dead Hand Pill）和"无手毒丸"（No Hand Pill），这也是在传统毒丸基础上，强化了与董事相关的要求。"死手毒丸"规定，如果毒丸被激活了，必须由激活时在任的公司董事撤回，收购方换董事会成员也没用。"无手毒丸"则是可以规定公司控制权发生变化后，多少个月内无法撤回毒丸。

"毒丸"帮爱康国宾找到了更好的买家

不管是"普通毒丸"，还是"增强版毒丸"，其实核心都是一个，就是由董事会设计一个制度，来保住原来的公司不被收购。

这就引出一个问题：董事会到底有没有一定要保住公司的这个义务？

职业经理人、管理层，包括董事会，理论上的义务就应该是搞好业务，为股东创造价值。而股东，自然是来追求投资回报的，也没有什么义务非要坚定地维持现有管理层的立场。而且，随着现代企业管理制度的完善和资本市场的发展，公司通常也并不想在资本市场留下"某个利益团体的公司"这种负面形象，股份的可流动性也更符合企业价值的提升。

"毒丸计划"，或者说各种反收购手段都需要一个参考前提，就是公司董事会的目标是什么。很多时候，毒丸并不是为了拒绝收购，它更像是缓兵之计，而缓兵有可能是为了拿到更好的报价。

2015 年爱康国宾与美年大健康的并购战，也用到了"毒丸计划"，但"毒丸"始终没有启动，最后的结果也出人意料。

爱康国宾和美年大健康，都是国内知名的连锁健康体检公司。爱康国宾曾经还是美国上市公司，但是股价表现一般。2015 年 8 月底，爱康国宾的董事长兼首席执行官（Chief Executive Officer, CEO）张黎刚就找了一些私募基金，想要私有化自己的公司。

在这个过程中，美年大健康发现爱康国宾的股权比较分散，于是也找了一批私募基金组成了财团，发布了一份私有化 offer，而且报价比张黎刚高出 20% 以上。

爱康国宾很快就拿出了"内外兼翻"的"毒丸计划"。"内"的部分是如果有人增持爱康国宾股份到 10%，其他股东可以以 80 美元的价格购买价值 160 美元的股票；"外"的部分是如果收购方控制董事会，或是取得爱康国宾控股权，其他股东也可以以 80 美元的价格，购买价值 160 美元的合并后公司股票。

美年大健康迅速提高了两次报价。第一次是每股 22 美元，后来涨到每股 50 美元，比张黎刚财团明显高了一截。而且，美年大健康还表示计划分两步执行收购，先买散户手里的股票，增加这部分股东的投资价值，然后再去处理张黎刚财团。这样，爱康国宾就更被动了。

爱康国宾如何应对呢？它直接找了个资金更雄厚的收购方。2016 年 6 月 6 日，云锋基金发出一份私有化要约，全现金收购爱康国宾的 100% 股权。

这份收购协议出现后，张黎刚财团和美年大健康都放弃了原计划，之前设计的"毒丸计划"也被董事会撤回了。不过，实际上爱康国宾的私有化直到 2019 年 3 月才达成，买方包括了阿里、苏宁、云锋基金和博裕资本。

这次收购中，收购方美年大健康从一开始，就不希望"毒丸"发作，所以主要是"砸钱"，以及对股东实行分而治之。而张黎刚团队，如果真是为了保持公司独立性，那面对云锋基金完全应该继续应战，因为"毒丸"本身还是有效的，但团队第二天就放弃了原先的私有化计划，这表明爱康国宾不过是交易中的筹码。

中国资本市场为何少见"毒丸术"

上述三个案例中,将要被收购的公司主体都是海外公司,其中 Household 是美国公司,新浪与爱康国宾是 VIE(Variable Interest Entity,可变利益实体)架构中的开曼群岛公司。

开曼群岛属于英联邦体系,虽然和美国在一个法系里,但思路还是略有不同的。而英国、新加坡,其实都要求公司先拿到股东大会批准,才可以实施"毒丸计划"。所以就算发生了诉讼,"毒丸"能不能启动还不一定。

之所以没有在真正的中国公司中看到过使用"毒丸计划"的例子,是因为"毒丸计划"的这套玩法放到中国的公司法制度,会出现两层障碍。

一层障碍是,美国模式中的公司偏向于管理层中心制,董事会的决策权很大,所以像"毒丸计划"这类反收购的策略,都是由董事会制定的。而中国模式的公司偏向于股东中心制,很多事情的最终决定权在股东大会手上。

在"毒丸计划"里,有两个最关键的环节,一是发行认股权,二是类似定向增发的扩股。如果放在中国公司体系下,二者都必须在股东大会上表决通过才行。而这时候召开的股东大会,很可能必须要叫上收购方一起参加,股东大会很可能就会变成"扯皮大会"和"拉拢大会"。

另一层障碍是,即使一些条款在股东大会上通过了,也需要市场监管机构的批准。比如类似定向增发的扩股，一般需要一到两个月的核查期，且不一定能获批，等待的过程中又可能出现很多变数。

所以，"毒丸计划"虽然原则上不违反我国现行的法律法规，但实施起来难度很大。

而且，反收购也不止这一个策略。比如宝能和万科的"宝万之争"里，万科的主要任务就是找"白衣骑士"，基本没考虑过"毒丸计划"。即使是对"毒丸计划"最友好的美国市场，进入21世纪之后使用"毒丸"的案例也越来越少了，要用的话大部分是用来限制激进投资者、对冲基金，以及马斯克这种很难预测行为的有钱人的。

在与反收购相关的法律问题上，全球各个国家的理解与实践都是不一样的。对于其他国家的公司来说，盲目套用美国方案可能未必就行得通；而对于跨国公司来说，管理层如何在多种市场和法律制度下确保实现自己的目标，也是很考验技巧的事情。毕竟，不管是讲政治、拼人脉资本，还是寻找法律的漏洞，最终都是追求在合规前提下的利益最大化。

苹果是怎么变成供应链大师的

很多人都知道，苹果有一个非常经典的说法，就是所谓"Designed by Apple in California. Assembled in China"（加州设计，中国制造）。在几乎所有印得下这两行字的苹果产品上，都能看到这句话。

这个说法的前半部分，强调的就是苹果在品牌和设计上的强大，这也是世人最熟悉、最赞赏的苹果的一面。在 2016 年，苹果还出了一本写真集叫"Designed by Apple in California"（加州设计），里面有 450 张苹果各种产品的照片。

但是"中国制造"这个部分，就显得有些争议。一方面，在人们印象中，一说到苹果的制造部分，就会产生供应链利润微薄的想法，比如 iPhone 12 的物料成本只有 2500 元左右。

但另一方面，在中国市场，其实对苹果供应链的态度是很正面的。比如 A 股市场有一个"苹果概念股"的说法，只要某家公司进了苹果的供应商大名单，或者是作为苹果供应商的供应商，股价相应会有一些提升。相反，如果这家公司从这个名单里被踢出去了，市值上的惩罚也是立竿见影的。

2021 年 5 月底，苹果公布了前一年的 200 家供应商大名单，其中中国供应商有 98 家，占比达历史新高。而在中国供应商里，内地公司有42家，里面还有12家是第一次进入苹果供应链，对市场来说肯定是好消息。2021年A股中，苹果概念板块的总流通市值大概是2.4万亿元，而苹果公司的市值是2.5万亿美元，还是存在着汇率级别的差异。

"苹果供应链"这五个字，本身就是个内涵丰富的话题。如果想理解苹果这家公司，看似比较枯燥和普通的供应链，其实和光鲜的设计故事同样重要，也同样有意思。

全球著名的技术咨询公司高德纳（Gartner）每年会评选全球供应链管理的25强，苹果在这个榜单上曾经连续7年都是榜首公司，被Gartner认定为"供应链大师"而不再参加评选。并且在登顶的7年中，苹果的每一项参评指标都要高于其他品牌，而这个榜单上参与竞争的其他公司，都是麦当劳、亚马逊、宝洁、沃尔玛这种级别的公司。苹果供应链的强大可想而知。

乔布斯时代的"美国制造"

苹果的早期业务不是做手机，是做电脑。其实从20世纪80年代开始，像戴尔、惠普这些美国电脑公司就已经将生产线转移到亚洲了。但是苹果是当时的"异类"，偏要自己在美国建工厂，在1990年之前，苹果的绝大多数东西都是自己生产的。这个思路是由乔布斯主导的，也是他职业生涯里比较大的一个"败笔"。

1983年，苹果在加利福尼亚自己公司总部对面开办了一个工厂，生产 Mac 电脑。当时乔布斯在工厂里面放置了很多先进的自动化生产设备，他还在工厂里设计了很多日式的"工匠精神"的元素，比如极简装修和白色墙面。在某种程度上，乔布斯是很迷信索尼的制造业理念的。

不过乔布斯本人其实更执着于"美国制造"这个概念，他带记者参观的时候就指着一台产线上的电脑说："这是一台美国制造的机器。"即使到 1990 年离开苹果组建 NeXT 电脑公司之后，乔布斯还是这么认为的，他会说："我为美国工厂感到骄傲，就像我为计算机感到骄傲一样。"

不过这种偏好没有奏效。1990 年乔布斯离开苹果之后，继任 CEO 的约翰·斯卡利马上找了一个法国的自动化专家让路易斯·加塞来接手制造业务。结果法国人一来就发现，苹果的产线其实自动化程度很低，他甚至要自己在产线上拧螺丝，零件偶尔还会从产线掉到地上。

最后，这个 Mac 工厂在 1992 年被关停，一部分原因是水平赶不上梦想，另一部分原因就是 Mac 产品本身供过于求，根本不需要这么大的产能。

1997 年乔布斯回到苹果之后，幡然悔悟，开始重视制造环节。他指定了一位在国际商业机器公司（International Business Machines Corporation，IBM）和康柏都管理过制造和供应链的人才来负责此环节，就是蒂姆·库克。当时苹果计算机的零部件供应商在亚洲，组装厂却是在爱尔兰。组装厂有时候很清闲，因为成品存货还没卖完；

有时候又很忙碌，一缺零件就催货，让亚洲供应商空运过去，再马不停蹄产出成品。

库克对此十分不满意，就决定把组装环节也挪去亚洲，并且大幅削减供应商的数量，说服许多供应商迁到苹果工厂旁边。库克还做了一件十分决绝的事情，就是把苹果的19个仓库砍到只剩下10个。强行减少库存，不能囤货，这样就硬逼着前端销售和后端生产同时改进效率，反而比苹果自己生产的时候做得更好了。

印象中库克确实有个信条，叫"库存是最根本的邪恶"，他大概确实不喜欢东西堆在仓库里。

库克初来苹果的时候，苹果的库存周转天数已经通过乔布斯的改善从2个月降为1个月左右。而库克花了9个月的时间改善供应链效率，直接把1个月的库存周转水平降到了6天，后来在某些产品上甚至只要15个小时。

换句话说，苹果的仓库类似于菜鸟驿站的中转站，东西临时放一下，很快就送出去了，甚至很多热门产品是直接从工厂发货到消费者手里的。这其实是物流系统最想看到的高效率。

用JIT模式彻底改造苹果供应链

库存周转天数从1个月转变为6天，而生产环节的效率是否同步改善了？前面提到库克把苹果的零件厂和组装厂都基本放在了一起，这就已经省了一些时间。库克还特别喜欢丰田提出的JIT（justin-time，及时生产制）模式。JIT 模式的思路，就是放弃以往先大规模采购物料、再大规模生产的顺序，以上游推力为主的生产方式，改为以下游订单拉动生产的模式——"有需求才生产和采购"。通过频繁但少量的采购，整个供应链得以不断流动。

苹果采用 JIT 模式，有两个先天优势。首先它的品牌力很强，消费者比较忠诚，所以产品发布之前和发布之后，每个阶段的需求都是比较容易预估出来的。其次苹果的产品线本身比较精简，之前每年就一至两款 iPhone、MacBook 和 iPad，有些组件也是通用的。这样即使是按需下订单，每次买的某种零件数量也会比较多，供应商比较容易接受。

库克还为这些零件厂商和组装厂引入了当时非常先进的 ERP 系统，并直接打通了零件供应商、组装厂和渠道的数据。这一点非常重要，几乎成了商学院的经典案例。也就是说，苹果的管理人员从系统中就能非常清楚地看到每周销售预测的具体情况、零售渠道精确的库存统计、向外包工厂发出的订购需求，以及库存是否积压过多等细节数据，并且可以随时调整。

拥有超强话语权的两种角色

峰瑞资本的合伙人李丰分享过，在给苹果供应声学零部件的瑞声科技的产线上，所有的控制软件、电脑以及 ERP 系统其实全都来自苹果。一旦某一条生产线的某一个地方有点问题，相关产线的负责人会直接收到来自苹果的远程邮件，然后要等苹果打开权限，生产线负责人才能去现场查看。此外，苹果还有 20 来位工程师轮流驻厂，相当于在瑞声科技的工厂里，除了设备和工人是瑞声的，剩下的都由苹果控制。

简而言之，外包工厂的整个管理体系都掌握在苹果手中，形成了对供应商的超强话语权，而其背后的根本原因是，苹果同时是产品的设计方和终端零售方，这两方面它又有一些独特的优势。所以被外包的中间生产环节，实际上是要同时为这两头服务的。

从产品研发的角度，苹果每代产品都会强调创新点，比如早年的指纹识别，或者这几年被强化的芯片。苹果的这些创新往往领先于行业，有些技术在苹果使用之前，市面上是没有现成解决方案的，零部件厂商就需要按苹果的需求去定制生产。

一旦有公司提供了很优秀的解决方案，苹果甚至会把这个公司整个买下来。早年的一个经典案例，就是 2012 年苹果以 3.56 亿美元收购指纹传感器厂商 AuthenTec 公司。AuthenTec 当时可以拿出市面上最好的指纹加密解决方案，将传感器和苹果标志性的 Home 键合二为一，手指很自然地按一下就能解锁。

除了技术领先带来的掌控力外，苹果对待供应链还有个特点就是一掷千金。因为在定制生产的过程中，经常会遇到很多问题，如果全都让供应商承担风险和成本，推进是很慢的。而苹果很清楚地知道，很多问题其实都是靠资金来解决的，简而言之就是堆技术、堆设备、堆人力。2012 年，苹果想做全金属机身手机，便在短时间内买走了市面上大部分高端数控机床，专门放到供应商的工厂里，而一台机床的价格在100万美元左右。

这方面有两个数据统计：在富士康的各条苹果产线中，有20%～50%不等的设备，由苹果提供。而在一些小型的苹果代工厂中，几乎每1000台设备里，就有500台是由苹果提供的。

对于先进的零部件，苹果一般会在量产成功后，直接买断工厂半年到三年的产能，保证竞争对手没法第一时间使用上同样的产品。比如2014年，全球23%的闪存产能被集中在苹果手上，而其他品牌也有需求的结果，就是造成了一轮涨价。

除了作为设计方这一角色，苹果还有一个重要的角色就是终端零售商。

在JIT模式中，理论上是有需求，才有生产。有时候消费者在苹果零售店里，或者网上看中的产品没有现货，那么最终到达消费者手里的产品，基本上就都是新鲜组装好的。从工厂到零售渠道的部分，实际上涉及了另一个参与者，就是物流方。

为了保证整个供应链的快速运转，苹果在物流上也很舍得投入资金，它是电子产品行业内较早大规模使用空运的公司。苹果的空运方案，有很多细致的考量，比如主要使用波音777这样的大型飞机，一方面可以运更多货，另一方面可以保证15个小时越洋飞行也不用中途加油。

当然，苹果既然用了空运，就要把飞机机舱的可用空间榨干。苹果产品通常包装设计精巧，也很紧凑，这么设计的一个重要原因就是为了能一次运更多的货。举两个知乎用户提出的例子，一个是 2012 年发布的 iPhone 5，包装尺寸就比初代 iPhone 小了 28%。在运输过程中，通过更合理的码放，实际可以在一个货盘上多装 60% 的新手机。另一个是 2012 年苹果启用的新款 iMac 包装盒，原来 iMac 的外包装是四四方方的，里面有泡沫塑料保护显示器；而新款包装盒将泡沫的部分都用瓦楞纸代替了，而且包装盒从侧面看，是一个上窄下宽的楔形，运输的时候可以一正一反地插起来，两台机器可以打包成一个更紧凑的长方体。

虽然这些都是 2012 年的事了，但苹果对于这些细节层面的降本增效，还是非常看重的。简单来说，苹果这个高效的供应链体系，能让它把合适的产品，在合适的时间，以合适的成本送到合适的地方。

苹果过去是一家很"美国"的公司，乔布斯一度为"美国制造"感到自豪，但他们当时的能力不足以做好制造业。库克到来后，苹果又大刀阔斧地将制造环节全部挪到亚洲。自此，这家公司开始以亚洲，尤其是以中国为制造腹地，重塑自己的采购方式、管理思路和库存周转体系。

苹果对于供应链的管理过程，体现出了很强的魄力，比如 ERP 系统的强势引入，或是买断技术、产能和设备的"钞能力"，甚至为了更高的物流效率，持续改进自己的产品包装设计。在这条绷得很紧，却又运转流畅的供应链中，苹果产品与消费者能够以最高效和合理的方式相连接。这其实是苹果在品牌力与产品设计之外，所隐藏的另一重溢价空间。

挤进苹果供应链有多难

苹果凭借出色的全产业链及创新研发能力，撬动全球范围内成百上千家企业，为它提供各种各样的原料、零部件以及技术方案。而这些"苹果供应商"中的上市公司，几乎也都是全球投资市场关注的焦点。

对于供应商，蒂姆·库克实际只提过两点要求：最好的产品质量，尊重并善待员工。但要想真正达到苹果的标准，供应商不仅要具备显著的领先技术、高良品率的量产能力，有时候甚至要忍受一种难以想象的"苹果霸权"——用自己的方案来培养竞争对手。

市场上只有少数公司能做到这个地步。每年，苹果会公布200家核心供应商名单，苹果将几乎所有的采购、生产和组装支出都投入在了这些公司身上。近几年，在这份名单中中国公司的地位有了显著提升，但无法回避的是，上榜的荣耀犹如"达摩克利斯之剑"，一旦像欧菲光那般掉出名单，事情似乎就会走向劣势。

苹果如何挑选核心供应商

一台 iPhone 有 200 多个供应商，而想要挤进苹果名单中的公司多达千万，所以苹果到底是怎么挑选供应商的？

蒂姆·库克在 2017 年回答过这个问题，据他所说苹果看重的因素主要有两点：一是在产品的质量方面，供应商公司应该试图做到某一品类的最好，而非仅追求品类的数量；二是在对待员工的方式上面，供应商公司应该尊重员工、善待员工。

以一家名叫宸鸿的中国台湾企业为例，它们为苹果生产了第一代 iPhone 的电容触摸屏。其实宸鸿最早是卖显示器的，但后来创始人江朝瑞预感触摸屏生意颇具市场前景，便在 2000 年就开始了研发，尤其是在最先进的电容式触摸屏上注入了很多心血。按照触摸屏的工作原理和传输信息的介质，可将触摸屏简单分为四种：电阻式、电容感应式、红外线式以及表面声波式。电阻屏和电容触摸屏的区别简单来说就是：电阻屏是一种软屏，主要依靠压力感应，比如使用触控笔的掌上电脑，就是电阻屏；而电容屏是靠人体的电流感应工作的。

2004 年底，宸鸿被邀请去给正准备做手机的苹果介绍产品。当时苹果已经在日本和韩国测试了几家供应商，但都不尽如人意。演示的时候，宸鸿的技术负责人张恒耀拿了一张彩色的透明塑料纸来解说，结果苹果的人听完便回复道：你们明天就飞去美国总部再讲一遍吧。宸鸿就这样成了苹果的供应商。

之后的两年里，宸鸿和苹果共同开发了初代 iPhone 的电容触控屏。从结构上来看，这是一个四层的复合玻璃屏，在一片玻璃的两面，各涂一层透明的导电涂层，最外层加一个极薄的玻璃保护层，底下就直接与 LCD（Liquid Crystal Display）液晶屏幕接触了。

在这个过程中，几层玻璃要求真空贴合，不能出现一点气泡和错位，导电涂层既要非常轻薄，又要非常均匀，还要实现在各种外部环境下的抗干扰性。由于实在太难，在开发这个技术的过程中，据说张恒耀一共对江朝瑞说了 9 次"老板，我们放弃吧"。而且，宸鸿虽然拿了苹果的订单，但对这个技术到底要用在什么产品上却是一无所知。

其实在 iPhone 发布的前后，宸鸿的"噩梦"才真正到来，因为要开始量产了。宸鸿的这个方案在生产环节上有 90 道工序，任何一个操作失误都可能造成产品报废。开工第一天，宸鸿生产出来 200 片触控屏，但良率只有 8%，几乎等于无法量产，只能当天晚上通宵开会研究改进方法。一个月之后，宸鸿的良率提升到 80%，终于有惊无险，顺利量产。

总之，苹果在挑选供应商时，对于良率的关注是出了名的严苛，别家能认可的质量，到苹果这里就可能退货。从宸鸿的这个例子里，可以看出苹果对于产品质量的一些判断标准：首先得在技术上处于领先，让苹果觉得可行，甚至愿意跟供应商一起改善；其次就是有本事将技术方案量产，而且是高良率的量产，并且要满足苹果旗舰产品所需的订货量。

所以苹果是从哪一年开始公布供应商名单的？

2012年，苹果发布了一个实际上是针对供应商违规情况的2011年审计报告，供应商名录只是作为一个附加的内容，当时有156家公司入选。从2013年开始，苹果几乎每年都会发布前200名核心供应商的名单，除了2019年。后文提到的供应商名单年份都指的是审计年份，而不是发布年份。

这200家供应商，会花费苹果97%～98%的采购、生产和组装支出。除此之外的2%～3%，则花在另外500～600家小供应商身上。

2011年苹果首次公开其供应商名单，此后来自中国的供应商数量持续增长，2019年是30家[1]，2020年则幅增至42家。加上中国台湾的46家，以及中国香港的10家供应商，中国供应商的整体占比上升到接近50%的水平。[2]

不过，这种统计方法有一个缺陷，就是有些公司光从名字是比较难判断出是属于哪个区域的，所以就需要查看公司注册地和总部所在地。比如有一个叫"上海实业控股"的公司，看名字很像是中国内地公司，但实际上应该被划到中国香港供应商的名单里。

举三个有名的苹果概念股为例，分别是立讯精密、京东方和舜宇光学，它们是什么时候加入苹果大家庭的？

---

1 雪球.2019苹果中国最新供应商[R/OL].(2019-04-25)[2022-09-20].https://xueqiu.com/1592849146/125594538.
2 网易."果链"变局：随BOE挤进核心件边缘，非核心优势扩大[R/OL].(2022-09-19)[2022-09-20].https://www.163.com/dy/article/HHL5ASKT05118O92.html.

立讯精密是一家很传奇的公司，因为它的老板王来春在创业前，是富士康的第一批员工，她在富士康任职将近10年之后再选择自己创业。2013年，立讯精密开始成为苹果核心供应商，最早做MacBook的连接线，现在已经是AirPods（苹果无线耳机）最大的组装商，同时也是少数几家能代工iPhone的公司。

京东方作为屏幕制造商，是2017年进入苹果核心供应链的，主要为iPad和MacBook生产显示屏。当然，除此之外，京东方更希望自己的OLED屏幕和柔性显示屏被苹果看中。

而专门做摄像头模组的舜宇光学，是2020年苹果供应商名单中的一个新名字，并且成功将同行公司欧菲光从苹果名单中挤出。在此之前，舜宇光学的能力在三星、华为的产品里广受认可，其在2021年全球智能手机光学镜头市场中的占有率为26%，仅次于中国台湾的大立光，大立光是苹果的"御用"供应商之一。

大立光这家公司，是少数能够正面对抗苹果需求的供应商之一。2013年，因为苹果有意扶持中国台湾的另一家供应商玉晶光，大立光直接以侵犯知识产权的名义，与玉晶光在美国打了三年官司，即使最终这个案子以和解收场，但是给玉晶光和苹果都增添了许多麻烦。

苹果管理供应链有一个很常用的招数，习惯为每类零部件都配置两个水平相当的供应商，一方面可以互相压价，另一方面可以尽量缩小保密范围，方便管理。这其实是大多数工业产品都会采用的方法。但有时候为了强行达到这种制衡的效果，苹果会使出一些很极端的手段。其实在初代 iPhone 发布的时候，前文提到的宸鸿是零件的独家供应商。后来，在苹果的强烈要求下，宸鸿把生产工艺交给了另两家制造商，变成几家一起供货。苹果永远为自己准备好一个旗鼓相当的 Plan B（另一个选择）。如果一家公司的产品或者管理水平下滑了，苹果就会无情地将其从名单中删除。

另外，虽然进入苹果的供应商名单，对于很多公司来说就已经是很厉害的事了，但苹果并不会让它们一迈进门，就直接参与新款 iPhone 等最重要的项目，一般是从生产旧款产品乃至维修用的零部件开始练手。不过最近几年，情况也有些变化。

当"精工巧思"的欧菲光掉出苹果供应链之后

由于苹果对供应链管理严格，名单经常会产生变化，对苹果来说可能只是更换了一两个名字，但对相应的公司来说似乎影响就很巨大。专做摄像头模组的欧菲光便是一个具体的例子。从其 2021 年上半年的财报看，欧菲光的净利润直接消失了 93.25%，营收也少了一半左右。另外，公司的市值在年内也缩水了 40% 左右。一切都因为它没能保住"苹果核心供应商"这个金字招牌。

欧菲光是国企背景，最早主要做一种特定的光学零件，叫"红外截止滤光片"。但是 2016 年，欧菲光花费了 15.8 亿元，买下了索尼在中国华南的一家工厂。原因就在于苹果手机上 50% 的前置摄像头和 10% 的后置摄像头是在这个工厂内生产的，所以欧菲光实际是靠并购，买来了苹果供应商的身份。

实际上，不少现在有名的苹果供应链企业，都是靠并购"上位"的。比如前文提到的立讯精密，就是个"并购狂"，2011年立讯精密能进入苹果供应链，也是凭借昆山联滔60%的股份，近年其又相继并购了一家中国台湾的机身工厂和一家韩国的摄像头模组厂，这才有了做整机代工的本钱。

2017年库克来到中国，行程安排中包括参观欧菲光的工厂。他当时还发了个微博，描述欧菲光为iPhone 8和iPhone X生产的前置摄像头应用了"令人惊叹的精工巧思"。那一年，欧菲光的市值直接攀升到700亿元左右的高位。

不过财报也显示出，欧菲光虽然有精工巧思，但在苹果那里的议价权是不高的。欧菲光的第一大客户是华为，第二大客户就是苹果，公司每年大概有22%的收入来自苹果。但这条业务线为欧菲光净利率的贡献率不到3.5%，其实是极低的数字。

2020年9月，中国台湾地区的《经济日报》突然发了一则报道，报道称苹果为了保证新的iPad供应，希望将触控模组的订单从欧菲光转回富士康旗下的两家公司。其实这个报道说的是触控模组，不是欧菲光最擅长的光学业务，但一下子就引发了市场的担忧，觉得欧菲光是不是要被苹果抛弃了。

于是在之后的半年里，欧菲光一直否认被踢出苹果供应链。除此之外，当时欧菲光的股价下跌其实也有另一个重要原因，就是第一大客户华为在美的元器件采购受限，欧菲光又不能在短时间内生产出高质量的替代品，于是这部分订单量也快速下降。

到了 2021 年 3 月，欧菲光直接发了个公告表明，苹果与其终止了所有的采购关系。

最终，另一家苹果供应商闻泰科技和格力创投一起，用 24 亿元买了欧菲光旗下的两块苹果相关资产，其中就包括欧菲光早年买的索尼华南厂。闻泰科技对这笔交易还是很满意的，觉得自己如果能重新通过苹果的验厂，就能把光学模组扶持成一个新的收入来源，也能强化在苹果供应商名单里的存在感。

总之，目前要靠自主研发打入苹果供应链，难度和风险都已经越来越大。而苹果又是个喜怒无常的"甲方"，不管是重视你，还是抛弃你，对它来说似乎都是轻而易举的事。

供应链常青树的社会责任

苹果供应链上也有伫立的常青树，比如富士康。富士康占据的，是将所有零部件拼成成品的组装环节，目前有 64% 左右的 iPhone 都来自富士康的产线。前文提到的已经能代工 iPhone 的公司立讯精密，其实只占了 iPhone 5% 的产量。

外界认识到富士康与苹果的紧密关系，是通过发生在 2008 年的一件事——一个英国消费者在激活自己的新款苹果手机时，发现了几张中国女孩的可爱照片。后来媒体确认，这个小姑娘是深圳富士康的员工，在检测手机拍照功能后忘记把照片删掉了。这其实让外国消费者意识到了，手中的苹果手机背后其实有很多中国人的付出。

2014年，富士康老板郭台铭还提出过一个自动化的解决方案，希望通过在富士康工厂里部署100万台机器人，来彻底解决劳动密集所带来的争议。

自动化听起来很先进，但在工业生产中有时并不那么有效，因为苹果的很多产品设计得过于精密，导致这个计划进展得很不顺利。比如给iPhone拧螺丝，机器人就掌握不了力度，但熟练工对于手感的把握是很精准的。再比如苹果对涂抹固定屏幕的胶水的要求是误差不超过1毫米，在这个指标上工人也比机器做得更好。

所以直到现在每当苹果发布重要新品之前，富士康还是会习惯性地扩招大量临时工，而不是购买更多的机器人。几年尝试下来，苹果也基本形成了一个结论：人类之所以比机器效率高，就是因为人比机器人更灵活，更易重新部署。而对工人进行再培训，要比重新设计机器人容易得多。

2020年，富士康的母公司鸿海集团的营收是惊人的1.25万亿元，但受新冠疫情和用工成本提升等因素影响，公司的毛利率不到6%，净利率更是只有1.62%。

根据华泰证券2012年关于苹果产业链的分析报告显示，在要价数千元的iPhone手机中，材料成本可以占到21.7%，而中国大陆的劳工成本只占1.8%。这里指的劳工成本，还包括了零件厂的工人，所以留给富士康的部分就更少了。

这里面其实涉及一个很复杂的责任划分，就是所谓的"企业社会责任"。

我们对于企业的讨论，往往是从两个方面来说的：一方面它作为一个营利组织，我们关心它是不是赚钱，效率有没有提高。另一方面，它作为对社会很有影响力的组织，我们要关心它的服务和产品，对社会有没有价值、有没有影响。现在一个比较流行的观点是，企业需要在赚钱责任和社会责任之间寻找一个平衡点，规模越大的公司，就越需要重视社会责任。

在苹果和供应商的案例里，高度的分工让这两个问题纠缠在一起，变得十分复杂。一个公司理应为自己的劳动保障负责，但是如果它是苹果供应链的一部分，那苹果也应该为此负责。因为一部iPhone，它的设计方案、所用的零件、生产的工序、验收的标准完全是由苹果确定的。再加上苹果是一个异常成功的公司，所以它通过供应商体系所撬动的社会资源，远比它自己建厂、雇工人生产时的影响力要大得多。

所以，苹果现在必须强调管理供应商时的社会责任。本文提到的供应商大名单，实际上就是苹果每年供应商社会责任报告中的一个附件。

苹果的供应链其实是一个很有代表性的话题，在跨国公司领导的商业体系下，供应链的网络经常庞大到普通人难以把握的尺度。在某些时候，它的整个网络是那么同步、高效；但有的时候，它的影响又需要时间才能体现出来。任何一个小小的决策，都会影响许多人的生活。

　　这其实才是商业世界的常态。从一个很简单的现象出发，不断研究下去，最后便能观察到一个庞大的、纠缠在一起的复杂系统。

企业家纷纷卸任CEO，这个职位不香了吗

随着"总经理"这个名称逐渐显得老派，如今，一个公司里最有权力、最常被提及的职位变成了CEO。但近些年，越来越多的企业家们选择放弃这个职位。亚马逊的贝索斯、字节跳动的张一鸣、拼多多的黄铮，以及早先的马云、梁建章等，这些大公司的创始人，都在公司进入某个阶段后，卸任了CEO这个职位。

2019年，普华永道思略特发布了一份针对大公司CEO更替情况的报告。报告调查了全球最大的2500家上市公司，结果发现，2018年这些大公司CEO的离职率达到了历史新高的17.5%。此外，CEO的任期也在显著变短。2000年时，全球CEO的平均任期超过8年；但2021年这个数字只有5年，时间相当于大公司常见的一个合同期，即做完就不再续任。

他们卸任的原因或明或暗，外界去挖掘背后的故事其实意义不大。而"创始人""合伙人""董事长""CEO""总裁"这些纷繁复杂的职位到底意味着什么，背后有怎样的逻辑？这其实是一个不同的社会对这些问题背后涉及的组织、权力、责任等概念有着不同看法的问题。

"创始人"并不是个公司职位

公司,本质上其实是一个组织。对于一个组织来说,最重要的可能就是保证三件事:一是各司其职,这涉及设定职位头衔的问题;二是能够做成事情,这涉及公司日常运作,以及运作资金从哪里来;三是减少内部矛盾,这涉及权力制衡。可以说,几乎所有公司的职位,都是围绕这三件事展开的。

其中最简单的一个头衔,就是公司创始人。这相当于是和公司组织同时出现的。当公司飞黄腾达之后,很多人也会顺着公司发展史,去了解到底是谁创办了这家公司,并且自然地将最大的功劳赋予创始人。但其实,创始人并不是公司的正式职位或身份。创始人不一定掌握实权,他也有可能被踢出公司,比如优步(Uber)的创始人。简而言之,创始人对公司的影响力,还是要通过现代公司的种种职位和身份来确定的。

此外,创始人也可能包括那些中途加入、但对公司发展贡献特别大的人,这便是"联合创始人"。

从创始人出发,就可以联想到第二个职位,合伙人。合伙人这个词,如果究其原意,其实涉及的就是公司建立初期最主要的问题之一——钱从哪里来。比较传统的创业,就是几个创始人自己凑点钱,成立公司。这时候他们显然就是这家公司的股东,而且是以一种"合伙制"的形式来开公司的。

中国人最早看到"公司"这个概念,是在1838年9月,也就是清道光年间发行的《东西洋考每月统记传》上。这是一本向国人介绍西方各类新闻和理念的杂志。创办人是德国传教士郭实腊（中文名也译作郭士立），他当时将公司的中文名写作"公班衙"，也就是英文单词"company"的音译，解释则是从葡萄牙人集资买船出海的案例得来，概述为"群商捐资贮本钱，共同作生意也"。

中国人到现在都比较认可这种直观的公司治理结构，也就是与合伙制类似的"股东会中心制度"。但在欧美，则是很快演化出了带有制衡功能的一套公司体系——"董事会中心制度"。

现在的公司很少以合伙制设立了，但在私募基金中很常见。因为私募基金的本质就是先集资，再找人管理资金。当然里面也存在制衡机制，出钱多的人不管投资，所以是"有限合伙人"（LP）；出钱少的人管投资，但本质是代客理财，叫"普通合伙人"（GP）。

也有些现代治理模式的公司，比如阿里巴巴，名义上保留了合伙人制度这个说法。但阿里的合伙人制度跟原教旨的"合伙人"不一样，它不涉及出资，考虑更多的是如何通过管理知识和技能更好地运营公司，因此吸纳了大量完美符合阿里价值观的公司高管。

这些合伙人的权力很大，可以参与提名公司董事，并且决定公司管理层的奖金如何发放。这其实是一个非常颠覆传统公司治理体系的思路，所以阿里巴巴上市前因为这个合伙人制度，以及同股不同权等问题，引发了不小的争议。

股东和股东会中心制度

了解了创始人和合伙人这两个相对简单的职位,剩下的公司职位除了法人以外,基本都会与"股东会"和"董事会"有所关联。

公司运转需要资金,除了创始人、合伙人凑起来的部分之外,有时候也会从外面筹集,这就是创业公司特别常见的"融资"工作。

我们自己买房、买车的时候,也经常会从银行贷款,或者从小贷公司借钱。这些其实是债权融资,本质上只是欠了债。而公司的融资,除了债权融资外,还有一种股权融资,出资的人希望变成公司的股东。当股东想要了解公司运营状况的时候,就要开股东会议。

而当公司上市的时候,因为吸纳了很多机构投资者和股民,这个股东会的规模就会变得很大。股东大会可以通过投票,决定公司的很多事。一般情况下,持股比例越高的人,投票的话语权也越大,这就是为什么在优质公司中,往往会出现争夺大股东地位的现象。

但这是"同股同权"的一般现象,从阿里巴巴开始,美股和港股市场近年来出现了大量"同股不同权"的上市案例。一个简单的方案就是分成 A、B 两类股票,A 股面向公开市场的投资者,B 股留给持有公司股份的管理层,B 股每一股的投票权往往是 A 股的数倍乃至数十倍。黄峥之前是拼多多的董事长,也是大股东之一。他在公司的持股比例是 29.4%,拥有"超级投票权",实际投票权为 80.7%;拼多多的第二大股东是腾讯,持股比例是 16.5%,但投票权只有 3.4%,是标准的"同股不同权"。

所以对于"大股东"这个职位的争夺，本质上是在争夺能左右公司经营方向的投票权。如果遇到"同股不同权"的案例，大股东很难参与公司管理，如果只能按比例拿分红，就少了一些乐趣。

董事长和董事会中心制度

前文提到股东可以通过投票，决定公司的很多事，其中就包括董事会的组成名单。在欧美的公司治理思路下，董事会才是公司的最高权力机关，决定公司日常运行的几乎所有重大事宜；但中国的公司治理思路不完全如此。

由股东决定董事，实际上是一个"代议"的思路，即由更懂怎么管公司的人，代替可能什么都不懂的股民股东来管理公司。董事会里其实就分为两种职务：一种是董事，一种是董事长。

董事长，英文叫"Chairman"。董事长和董事局主席、董事会主席是同一概念，在日本、韩国叫"会长"，是由董事会选出的公司最高管理者，拥有召开董事会、罢免 CEO 的权利。董事长一般不负责具体业务，只负责决策重要事务。

在《中华人民共和国公司法》中，明确董事长负责的实际只有两件事：当公司的法定代表人，以及召集董事会开会。也就是说，董事长在董事会里的地位，理论上并不比其他董事高太多。

在董事长之外，其他董事的来源既可以是股东委派的，也可以是由职工大会选出来的。如果是在公司里任职的高管、职工当了董事，就是内部董事；如果是和公司没关系的学者、企业家当了董事，就是外部董事。在董事会内，大家合议行事，而且是标准的"一人一票"，以集体决策的形式对外给出指示。

董事会虽然是公司的最高权力机关，但由于有内部外部、职务高低的区别，实际上与企业真正做的事之间，还隔着一层"打工人"。包括 CEO、总裁和总经理，都属于这个序列。

这些岗位，实际上就涉及 21 世纪初很火的"职业经理人"概念。相比于公司创始人，他们可能在创新能力和突破性上略逊一筹，但很擅长管理好一家公司，乃至具有跨行业管理多个大公司的能力。如果没有职业经理人，很多公司可能也很难摆脱家族企业的思维框架，无法成为真正的头部公司。

在现代公司制度发展的早期，董事会是直接委任总裁来负责公司具体运作的。总裁的英文叫"president"，从这个名字就能很好理解他日常的权利范围有多大。

有了总裁，其实就不用设置 CEO 了。但大公司的问题往往就出在这里——要么是公司业务实在太繁重，一个人忙不过来；要么就是公司内斗太厉害，必须是两个权责基本相当的人并立，才能互相制衡。所以，才会出现一个公司里同时存在 CEO 和总裁两个职位的情况。

CEO和总裁的地位更替

CEO与总裁职位分离，大致是出现在20世纪50至60年代的美国。其中一个比较典型的案例，就是福特汽车。当时，号称"蓝血十杰"之首的麦克马纳曼受公司创始家族成员福特三世邀请担任福特汽车总裁，自此麦克马纳曼也成了福特汽车历史上第一位没有福特家族血统的总裁，并与不想完全放弃行政权、改称自己为CEO的福特三世，形成了双头统治。

为了相对明确地把总裁和CEO区分开来，欧美公司开始慢慢将"执行权"的概念进一步分化。重大事件如大政方针、重大人事任命和比较大规模的投资等属于"重大执行权"范畴的，由CEO掌握；一般政策、一般人事任命和一般规模的投资等属于"日常执行权"范畴，由总裁掌握。换句话说，如果CEO是一个国家的总理，那么总裁就是管理日常工作的第一副总理。

原本权力大于CEO的总裁，在层层制衡中权力逐渐弱于CEO。在腾讯的马化腾和刘炽平身上，这种差异就比较明显。马化腾是腾讯的CEO，一号人物；刘炽平是腾讯总裁，二号人物。张小龙、任宇昕、汤道生等，都只能是高级副总裁，职位位于总裁之下。

而在国内的公司法中，目前还没有分得这么细，只到了"总经理"这一级，基本相当于传统总裁的权力范围。

卸任CEO同时又保留控制权

通过上文的解释与辨析，可以按照公司权力委托路径和权力大小，将公司职位排序：

（1）创始人创立公司。如果公司采用合伙制，创始人就是合伙人之一。

（2）股东是为公司出资的人，可以来自公司内部，也可以是外部机构和股民，其最重视的是股权背后的投票权。

（3）股东委任董事会管理公司，董事会中董事长权责最大，兼任公司法人，但董事会本身是一人一票的合议制。

（4）董事会委任公司日常运营的高管，在中国其头衔被称为总经理。在大公司中，日常运营权被进一步细分：CEO管理重大事件，总裁负责日常工作。

一家现代化的公司，背后实际上都有这么一个层级分明、相互制衡、各司其职的组织图谱。除此之外，监事会也是公司体系内重要的权力制衡机构，不过监事一般不被认为是重要的公司管理职位，所以不在此处展开。

公司职务名称的复杂化，是部分公司做大做强后，中国公司法与欧美公司法并立的结果，所以经常也会出现一人身兼多个职位的现象。遇到这种情况时，我们更应该关注每个职位背后的权力范围。如果身兼多职的情况非常极端，可能正说明这个公司要么处于起步阶段，要么就是不太重视内部的制衡关系。

虽然 CEO 是一个我们经常听到的公司高管职位，但这个职位在公司的管理体系里，理论上并不是最重要的。回到本文最开始的问题，为什么最近越来越多的企业家卸任了 CEO 这个职位？对于身兼多职的企业家而言，卸任 CEO 这个职位能脱离不少一线的繁重工作，但还是保留了对公司的重要控制权。

在宣布卸任亚马逊 CEO 的时候，贝佐斯就在公开信里说："亚马逊的首席执行官是一项沉重的责任，很消耗时间与精力。当你承担这样的责任时，你很难把注意力放在其他事情上。"很多人就此认为，贝佐斯要专心去发展蓝色起源的太空生意了。但其实贝佐斯也表示过，他卸任后仍会参加亚马逊的重要决策，因为这就是他作为亚马逊董事长的那部分工作。

当然，在具体运行的时候，这个重要决策到底是指哪些决策，参与到底是指怎样的参与模式，还是很微妙的事情。举一个最简单的例子，有些情况下，企业家只卸任 CEO，而不卸任其他职务，对于新任 CEO 会形成很大压力，因为很多转型决策落地都会有阻力。如果企业家的参与程度较深，甚至参与一些具体经营的决策，比如公司产品的研发与推广；或者工作汇报方面，分管业务的副总裁仍需要向创始人汇报，而非直接向 CEO 汇报，那新任的 CEO 其实是处于权力被架空的状态的。

普华永道报告里面的另一组数据是，在类似贝佐斯的这种长期任职、突然卸任的情况下，继任 CEO 的年均任期只有 5.3 年，是前任 CEO 的 1/3；继任者的年均股东回报率也会减少 4% 左右。

然而中国的公司并不一定会认为"董事会是公司最高权力机关"。比如中国的公司法中,虽然将公司的大部分权力都交给了董事会,但少部分还是归属于股东,比如重大资产交易的审查过程,就必须通过股东会裁决。

由于董事都由股东委任,董事到底是在信赖之下体现专业能力,还是单纯作为股东的"手臂"和"喉舌",其实是比较难判断的。如果一个董事会内充斥着第二类董事,那么公司实际上的最高权力机关就是股东会,董事会将变成一个名义上的中间层。

如果作为创始人,已经预见到了公司未来将由股东,而非董事会控制的命运,那么很可能会选择忽视前文提到的那些制衡关系,专心保证自己是具有绝对投票权的大股东,并且将一系列职位都握在自己手里。

这其实正是为了减少摩擦采取的一种简单化操作手段。不管是股东、董事长、CEO还是总经理,只要背后做决策的是同一个人,就能够保证经营策略和意志从始至终都被最大限度地贯彻下去。哪怕是卸任,只要守住投票权的底线,就不足挂齿。

当然,大部分中国公司还是保留了董事会这个中间层。一方面,这是法律规定的;另一方面的好处是,公司一旦出了问题,特别是法律问题,董事会要先于股东会承担责任。这也是为什么我国监管机构近年来特别倾向于做"穿透式监管"、公司问题经常要牵扯到实际控制人的原因。既然实际上是股东中心制,那查也要查到股东层面。

公司高管的头衔背后,本质上是不同社会对组织、权力、责任这些概念的不同理解。严复在翻译孟德斯鸠著作《论法的精神》时，也提到过中西在商业思维上的差异：

"欧美商业公司，其制度之美备，殆无异一民主，此自以生于立宪民主国，取则不远之故。专制君主之民，本无平等观念，故公司之制，中国亘古无之。……吾民皆梦然无所见，而必待为上之人，为之发纵指示也者。顾彼西人，则以我为天赋货殖之民。夫以天赋货殖之民，而成就不过如是，则其所以然之故，必不在商之能事也明矣。"[1]

严复认为，19世纪末中西在经济成就上的巨大差别，背后有比商业形态本身更为深刻的制度性根源。考虑到他身处的时代，以及对于公司概念的认识，这其实是极为一针见血的判断。总结来说，即为有什么样的社会土壤，就会诞生怎样的公司、企业家和管理者。

---

1 孟德斯鸠. 法意[M]. 严复, 译. 北京：商务印书馆，1981.

大数据选址,玄学还是科学

超大型品牌门店"看碟下菜"

一个品牌选在哪儿开店,背后其实是这个公司对城市商业空间扩展潜力的判断。但选址很难有一套统一的方法论,零售品牌的选址是一件非常复杂的事情。它最大的特点就是很难标准化,不同的品牌、不同的地区、不同的时间点,都有完全不同的选址策略。

比如对门店面积要求比较高的品牌,例如一些家具品牌、大型运动集合店等,一般是商务先行,会先和开发商或者政府直接谈勾地,或者进行长期低价的租赁,这些选址通常在商业并不是非常繁荣的地方。这时候的逻辑基本以价格和政策为导向:哪里便宜去哪里,哪里政策好去哪里。

其实大店选址就是"看碟下菜",可供选择的城市与地址并不多,相比挑选店址,这时候反而是落实更重要。但当它们发展到一定阶段的时候,会遇到业务瓶颈,在调整业务线的时候,拓店的策略也会随之发生变化。最近的趋势是品牌会选择打破大店模式,开出不同线路的、面积偏小的店铺,也会进驻市中心、商圈,这个时候就需要更科学、更数据化、更有规划地进行选址拓展。

贵在方便的便利店选址

当选项增多,可能导致的答案也会随之变得更加未知。相较于大店,选址这件事对于店铺形态较小、数量较多的零售品牌来说似乎也愈发举足轻重,其中最典型的例子就是便利店。

比如全家便利店内部就有一个专门用于选址的测算模型,它涵盖了店租、人力成本、附近其他便利店的数量、人流测算、物流配送路径等关键因素。另外,全家负责选址的人还会到现场确定店面是位于马路的阴面还是阳面,是否处于人流经过处,等等。

全家的门店大致会分成三种类型,分别是住宅店、商业店、地铁店。选址策略会因为门店类型的不同而具有相应的侧重点。便利店行业有一个其他行业在选址上不太会关注的要素,它们会考虑物流配送路径。这是因为,便利店会涉及生鲜食品的配送,在门店规划得当的区域可以降低配送成本。

除此之外,其实还有一些品牌会采取比较省力的方法。它们选址的策略就是参照调性一致的品牌,比如家庭装修一条街、汽车一条街、小吃一条街等就是此策略的展现。

大品牌选址决策背后的博弈

除了从外部视角解释选址的个性化,其实还可以从公司的决策过程入手,了解选址的具体落实细节。在选址这件事上,公司里主要涉及两个岗位的人:一个叫网络规划,另一个叫商务拓展BD （business development）。

网络规划在不同的公司里职能差异较大，这其实和公司规模、管理者风格有关。在比较成体系的公司里，网络规划会负责整体的统筹规划，还有具体的店址评估。

一般来说，如果是针对处于下沉阶段的品牌，需要统筹规划门店在全国的布局，例如计划在哪些级别的城市开多少家、什么时候开、先开哪些后开哪些、具体在城市里的哪些区域开等。如果是处于门店优化阶段的品牌，也就是在本身已经开了很多店的情况下，就会考虑关掉收入低的门店，再于城市新发展区域新开一些门店。

而负责落实开店的 BD 就需要具备很深的业主关系，首先要有自己的信息获取渠道，且对地面知识十分熟悉，比如最关键的门店租金数据（以购物中心里的为主）、商场的招商倾向、商场的近期策略等，这些非公开信息都会成为日后影响最后成交的重要因素。

然而网络规划与 BD 之间的分工也会存在目标不同的问题。网络规划的 KPI（key performance indicator，关键绩效指标）主要是门店销售额，还有一些分析的任务量，比如城市商业地图和商业排名。而 BD 的 KPI 则主要是开店的数量。由于 KPI 不一致而导致考虑问题的思路不尽相同，所以网络规划和 BD 有时不可避免会在立场方面产生分歧。

因为 BD 大多是经验主义，所以在拓店的时候或多或少都会依赖路径，比如会和一些购物中心绑定得比较紧密。

例如一些奢侈品品牌因为开店比较少，不一定有专门的网络规划部门，开店规划可能是由高管直接负责，然后BD承担具体落实的。各个部门由于分工较细而拥有各自的利益和各自的目标，互相之间为了各自范围内的最优选择也会产生冲突矛盾。而小范围内的最优选择，对整体来说往往并不是最适合的。

当然，没有最优解其实也是选址的实际状态。选址不是单向的事情，在选址的过程中，商场或者房东也在招商，这其实是个双向选择的过程。简而言之，最完美的选址并不存在。从最开始选址规划的起草到最后店铺的实际落地，好比促销政策的制定与最终销售目标的完成，这过程中存在太多不确定因素，而让这些因素尘埃落定的，都是依靠一线的"销售人员"——负责实际操作的BD。由此可见，经验和实际操作在选址中确实都至关重要。那么既然实践如此重要，数据还有发挥效用的空间吗？

答案是肯定的。因为即便再有经验，依旧无法避免错误的产生。以前选址的方式大多是依靠经验或者是关系，负责落实开店的BD会有一定的开店惯性和盲区，一旦选择了一个并不理想的点位，门店的收入不如预期，而前期的开店租金、装修的成本已经大笔投入进去，这就导致了过高的试错成本。

如果是已经开了一定门店的品牌，当门店累积到一定的量、市场处于较为饱和状态时，也需要考虑关掉一批收入不太好的门店，继续开辟一些新的门店。这时候也会需要大量的数据来作为决策依据。

辅助选址决策的"大数据"与平台

选址所需的数据主要指的是第三方的所有数据，而品牌方拥有的主要是自己内部的数据，比如自己门店的位置、租金、期望可以开的点位、门店的销售额、预测的销售额、大致的门店客流等。再扩展一些比如国家统计公报的数据、GDP（gross domestic product，国内生产总值）之类的，但是光有这些数据是远远不够的。

选址需要的数据更为多元，包括竞品的相关数据、门店周边客流的画像数据，也包括地理信息类的兴趣点（point of interes，POI）数据等。竞品的数据主要是位置信息、规模、布局、选址偏好，以及竞品的客流、销售额，等等。地理信息类的数据描绘的是地块的属性和构成、商业画像、业态结构、潜在服务人口等信息。一些商圈购物中心的标签也可以辅助品牌选址的人进行判断，比如商圈类型：以综合体为主的商圈（工作日晚上和节假日人流高）、住宅区/社区型商圈、以办公楼为主的商圈（工作日白天人流高）、学生商圈（高频低价）、枢纽性商圈（人流大、租金高、回头客少）、景点性商圈。

但这些数据获取难度大、维护的人力成本高，所以大部分都不掌握在品牌方手中，现在品牌的做法通常是向第三方机构采购这一类的数据，用于选址研究或者是直接接入自己内部系统，和自有的数据结合进行分析。

过去我们对于一个地区的理解是非常粗浅的，往往只集中在地区是否为市中心或者人口多不多等。但是地区居住的是怎样的人口，这些人在这里会做些什么，这些细节无从得知却又不可或缺。这时候就需要像电商平台给消费者贴标签一样对地区进行分类细化。标签能帮助我们更好地理解地块属性，而标签越精准，需要的数据就越多。

不同的标签需要的数据维度不同，比如要判定一个商圈是否为母婴亲子类商圈，我们需要知道这个商圈内的母婴亲子类品牌有哪些、占比如何，和其他商圈相比比例是高还是低，在全国范围内处于一个什么水平等信息。

数据对零售店铺选址的重要性，其实是因为最近几年一些新玩家进入后，大家才开始重视的。这里面的一个代表就是盒马鲜生。2017—2018 年在盒马鲜生发展的初始阶段，它被业内讨论得最多的，除了它的移动端体验，就是它的选址了。因为盒马鲜生在北京、上海这样的大城市，店面基本不开在商圈里，也不开在人流量最大的地方，而是会开在一些意想不到的居民区附近。它的选址之所以会不同，就是因为在它的模型里，比较看重半径 3 公里内用户在线上的消费数据，门店配送业务是它很重要的商业模式。盒马鲜生还会参考一些有指标意义的品牌在其周围的密度，比如咖啡、西式快餐、外资便利店、银行网点、数码手机店等，所以现在反而也出现了"盒区房"这个概念。

然而现状是，很多品牌在选址的数据积累上可能存在较大的基础欠缺。其实目前市面上有很多选址 App 或者软件运营服务（Software as a Service，简称 SaaS）平台，很多数据信息已经由第三方公司帮忙收集好了，但是大部分都没办法满足品牌客户的需求。

这主要是因为这些平台或者系统，大多基于技术人员的想法，他们擅长的是技术层面的事情，但缺少了一些商业意识。而真正有用的工具，首先要深入行业、去区分不同行业的选址逻辑，需要敏捷地获知不同行业的前沿变化，从而及时地调整不同的算法。

举个较为成熟的平台为例子，知城平台提供覆盖全国所有城市的关于社会经济、城市基础、商业环境、消费活跃、人口潜力、品类规模等200多个数据指标，用户可以自行修改纳入计算的数据维度和权重，知城会根据用户的选择输出城市排名结果，并提供推荐城市、谨慎选择城市和潜力城市。因为不同品牌在门店选址上的侧重，平台会单独对商圈、购物中心、地铁站、住宅小区、医院、学校这些区域进行空间分析，目的在于获取这些区域周边的商业环境、周边设施、竞品进驻情况、潜在服务人口等信息。

知城目前有500个主流连锁品牌的数据库，基于每个品牌的官网、小程序和地图数据，按月度更新、复核和维护。这500个主流连锁品牌的数据可以帮助门店进行竞品分析，包括分析不同品牌的分布、规模、选址偏好、商圈偏好、历月变化等。也因为有强大的商业地理数据库，门店落在城市里的位置就不仅仅是一个地址了，而是有了属性和标签。平台可以叠合客流图层、门店信息图层、竞品信息图层、商业资源图层、住宅小区图层、交通资源图层，综合地块信息，并进行潜力地块的推荐，用户可以选择符合自己需求的图层偏好。

总而言之，门店选址的大致逻辑类似电影《点球成金》。《点球成金》讲的是一支本身实力较弱的棒球队通过数据分析的方法，挖掘了很多被低估的球员，最后组成了一支强队夺冠。这个其实是美国职业体育发展的实际情况，越来越多的赛事，比如棒球 MLB、篮球 NBA，习惯通过数据分析，重新建立起一套评价框架，重新认识运动本身。此策略同样适用于选址工作。在没有数据工具之前，选址可能还处于混沌的经验状态，但是有了数据之后，商业选址才有了基本的坐标系。在这个时代，数据，或者说数据思维，正在成为所有生意的基础，选址也是其中之一。

为什么全球有钱人都在忙着开"空白支票"

金融行业聚集的不仅有有钱人,还有聪明人。这两类人在规则范围内创造出来的新产品,有时候会让整个市场为之"虎躯一震",比如说引发了 2008 年全球金融海啸的担保债务凭证(Collateralized Debt Obligation,CDO),再比如 2021 年美股市场最火的"空白支票公司"——特殊目的并购公司(Special Purpose Acquisition Company,SPAC)。

SPAC 究竟有多火

2021 年,美国的纳斯达克迎来了一个价值 400 亿美元的案子,来自东南亚的网约车平台 Grab。Grab 不仅做网约车,也送外卖,还做金融服务,有点像是东南亚的 Uber。滴滴、Uber、软银都是它的大股东。

有意思的是,这么一家既贵又厉害的超级独角兽公司,没有选择传统的上市流程,而是选择与一家上市公司合并,以"借壳"的方式挂牌到纳斯达克。合并了 Grab 的上市公司叫阿尔特米特资本管理公司（Altimeter Capital Management）。

Altimeter 就是个"空洞的有钱人"。这是一家所谓的"SPAC"，也就是为了特殊目的成立的收购公司。SPAC 还有另一个名字，叫"空白支票公司"，这个名字可能更容易让人理解这种生意模式的本质——这些公司没有资产，只有一个随时可以用钱的支票本。它的目标就是，靠收购其他公司来获得利润。

近年来越来越多的公司通过被 SPAC 收购，登陆资本市场。最早的著名案例是售卖太空船票的维珍银河，上市时这家公司的年收入只有几十万美元，更别说有什么利润了。而中国消费者比较熟悉的 SPAC 上市案例，主要包括高端民营医院和睦家、公关公司蓝色光标、共享办公品牌优客工场，以及与贾跃亭"关系复杂"的法拉第未来等，这些公司的品质参差不齐。

另外的一种趋势是也有越来越多的人忙着成立 SPAC，比如创立了贝宝（Paypal）的彼得·蒂尔、著名基金投资者比尔·阿克曼、软银的孙正义、美国前总统戈尔、李嘉诚的次子李泽楷、K11 创始人郑志刚、"体操老王子"李宁等，都有一个甚至多个 SPAC 握在手上。

SPAC 究竟有多火？来看几个行业统计数据：2020 年，SPAC 在美国市场的融资规模首次超过了传统 IPO（Initial Public Offering，首次公开募股）；2021 年，全球共有超过 560 个已经上市的 SPAC 公司，美股市场更是有 76% 的 IPO 项目都来自 SPAC。

通过先筹钱造壳、再并购公司的方法，SPAC 绕开了美国证券市场对于公司上市的很多监管，同时为投资者创造了在超低风险下以小博大的可能性。作为一个融资工具，SPAC 高效、干净的逻辑，对投资者和公司来说犹如神来之笔；但作为一个被资本市场利用的融资工具，SPAC 直接导致了美股 IPO 市场新一轮的泡沫，自然也引发了监管的关注。SPAC 这个"资本盲盒"的真面目究竟是什么？

"空白支票公司"的由来

SPAC 本身不新，是一个 20 世纪 90 年代就已经出现的金融工具，最早将其带入美国市场的证券公司 GNK 还给 SPAC 这个缩写注册了商标。在自由发展的早期，SPAC 曾被用于商业欺诈，一度受到美国证券交易委员会 SEC（United States Securities and Exchange Commission）的严格管制。不过 2008 年前后，许多有利于 SPAC 的规则开始逐步完善，甚至允许 SPAC 踏入纽交所和纳斯达克这样的"主板市场"，这给 SPAC 在 2020 年的腾飞奠定了重要的基础。

SPAC 的本质是一个只有资金、没有资产和业务的公司。作为一个清清白白的壳，它的使命就是先将自己上市，再把别人送上市。

造一个壳本身要符合一定的标准，比如需要符合资金规模在 500 万美元以上，上市前也要请投行、做路演。SPAC 路演的核心就是展示管理团队背景，以及未来希望去收购哪个行业的公司。但是最终需要收购公司的空白支票公司，其资金是从哪里得来？

在一家上市的 SPAC 中，发起人一般可以占到 20% 的股份，剩下的80%由外部投资者持有。SPAC完成上市后，要在两年时间内找到适合并购的公司标的。在市场上扫货的过程中，前期筹来的钱会被放在专门的信托账户里赚取利息，只有当并购启动时，这笔钱才会被动用。

一旦扫货成功，发起人一般可以获得新上市公司20%的股权。如果能买到一个好公司，SPAC模式的财富杠杆效应会高得惊人。但如果SPAC最终扫货失败，公司就会被清算，股东们只能分钱散伙。大家一般都会避免这种最差的结果，所以SPAC被清算的案例极少。

网络博彩公司Draftkings的上市过程，可以用来解释SPAC是如何被创造出来的。

这家上市公司的前身是一个名为"钻石鹰"的SPAC公司，2019年5月，钻石鹰完成IPO时，发行价是最常规的10美元1单元。每个单元内包含1股面值10美元的普通股，以及1个执行价11.5美元的可赎回认股权证。一旦钻石鹰并购成功，每个权证可以变成1/3股普通股。

2020年初，钻石鹰成功合并Draftkings，帮助后者成为上市公司。合并时，钻石鹰的股价已经涨至17.53美元，相当于投资者已有了75%的回报。Draftkings本身又是热门公司，上市后股票在2020年最高达到过64.19美元。如果投资者充分行权，其整体收益率可以达到6.41倍。由此可见，SPAC对投资人的好处是，只要一个SPAC最终帮助一个公司上市，并且这个公司上市之后股价上涨，那么SPAC的发起人就能赢利颇丰；同时，一起投钱的外部投资者，也能很快得到较高的回报。

受高风险和灰色行业公司青睐的SPAC

从前文提到的 Draftkings 上市过程的例子就可以看出 SPAC 流行的原因，并且投资者也纷纷瞄准了 SPAC 想要并购的目标。不过 SEC 的规定是，SPAC 不得在上市前锁定拟收购的标的公司，否则需要详细披露信息，那就跟一般的上市没有区别了。所以，现实中，那些发起 SPAC 的有钱人，一般只会给个范围。比如郑志刚发起的 SPAC 就只公布：希望在医疗保健、消费以及技术领域寻找标的。也正因为如此，SPAC 对于普通投资者具有一定的"盲盒"属性。

其实过往借助 SPAC 并购上市的公司也确实能体现这种盲盒属性，它们大多属于高风险的行业，例如医药、金融、新能源、互联网、前沿科技，另外像数字货币、博彩业等身处灰色地带的行业，都很受 SPAC 的欢迎。

A 股，对借壳上市的公司有很严格的监管，相对而言，港股市场、美股市场对于上述高风险领域的公司的宽容度较高一些，但同样有营收、盈利、市值、现金流等基础要求。

传统的 IPO 模式上市是一个很难的闯关过程，首先要依靠承销商也就是投行，再经过各种合规流程，总共需要花费一到两年的时间，其中承销费用也是不小的支出。对于那些有争议的公司来说，这套华尔街的"闯关游戏"还会帮倒忙，比如 WeWork（众创空间）在上市之前，一直被吹捧成五光十色的估值较高的商业模式，结果经过IPO的洗涤，市值反而大缩水，令行业嘘声一片。

这就解释了为什么公司愿意通过被SPAC收购来上市。这么做对它们最大的好处，就是不必经历多个关卡的考验，同时股票的锁定期也更短。

这里其实也存在一个风险，如果SPAC买来的公司不够好，股价也可能会在并购结束后下跌。一项针对115家已完成收购的SPAC的研究发现，大部分SPAC在找到要收购的目标公司后都会亏损，而且在并购一年后，亏损的速度还会加快。这意味着投资者持有SPAC的时间越长，其收益表现可能会越差。

所以，SPAC模式对于发起者挑选项目的要求很高。拥有良好的投资声誉，并且有能力去收购那些好公司的发起者，才能享受到SPAC便捷、灵活、赢利的福利。而能达到这一要求的发起者要么是私募基金，要么就是知名企业家，或是社会名流，他们的投资兴趣乃至投过的项目，实际都已经比较明确。从这个角度看，SPAC只不过是私募并购基金在公开市场的一种变体、一种更高效的投资工具，能让他们青睐的公司加速上市。硅谷传奇投资人查马斯·帕里哈皮提亚便持有相同的观点。

查马斯是个出生在斯里兰卡的美国移民，他的第一桶金来自脸书的股权激励，之后又成立了风险投资机构Social Capital（社会资本），投资过 Palantir[1] 和 Slack[2] 公司，这两家公司也是前几年美股最重要的大型 IPO 项目。

但到了 2019 年，查马斯才突然意识到 SPAC 模式的大有可为，而且管理一家壳公司，比管理创业投资（venture capital，vc）要轻松太多了，于是迅速掉头全力投入，并在很短时间内用其 SPAC 公司 IPOA 收购了维珍银河，将这个常规意义上根本无法上市的公司运营成了市值 15 亿美元的上市公司。

2021 年 3 月初，查马斯已经参与了 21 个 SPAC 项目的发起或管理，其中 14 个已经完成收购。他的长期计划是，这些 SPAC 公司的名字要从 IPOA 一直覆盖到 IPOZ，也就是至少得有 26 个。

查马斯的成功激励了不少人，他们共同推动 SPAC 在 2021 年变成美股市场不退的高烧，也最终吸引到了 SEC 的关注。根据路透社 2021 年 3 月底的报道，SEC 已经在向华尔街上的银行发函，要求提供一些 SPAC 交易的具体情况，未来有可能重新收紧对 SPAC 的监管。

但 SEC 也得承认，如果没有这些 SPAC 项目，美股市场 2021 年的活跃度必然会大打折扣。2020 年，纽交所吸引传统 IPO 的情况就不是很好，如果不是大量引入 SPAC 上市，纽交所当年的 IPO 总规模将远远低于纳斯达克，相应的营收抽成也会大幅缩水。全球的大型股票交易所，其自身也都是上市公司，也有业绩压力。所以未来几年内，SPAC 上市模式也有可能会被复制到中国香港、新加坡或是

---

1 一家培养初创公司的初创公司。
2 Slack 是一家美国公司，提供在线协作平台。

日本东京。当然，前提是它没有被当地的监管机构认定为一种糟糕的金融工具。

综上所述，SPAC这个模式，对参与发起它的投资者而言，是一个目前看来旱涝保收、一不小心就有极高回报率的金融产品；对期待上市的公司而言，SPAC是一种比传统IPO模式更快、更便捷、风险也相对更高的上市模式。

上市是一种目的，还是一种手段

国内的媒体经常把上市描述成一个公司的目标，或者终点。因为很多人好像通过上市，卖了股票，实现财务自由。但其实，从公司的角度，在它的发展过程中，这只是诸多融资方式中的一种。向银行贷款是融资，被风投机构投资是融资，在证券市场上公开买卖自己的股票，其实也是融资的方式之一。

上市这种融资渠道之所以被大家一致看重，是因为它融资成本低，一般能筹集到更多的资金，也能打开其他融资渠道，比如在证券市场上定向增发，或是发行可转债，等等。这就让公司的发展有了资金保障。所以，SPAC也只不过是公司所追求的另一种好处更多的融资方式。

其实除了SPAC，此前像Spotify（声田）这样的公司还会选择另一种"直接上市"的方式，就是抛弃承销商，直接向公众出售股票来完成IPO。对于大公司来说，这种做法更干脆了当，当然，它对中小公司不太友好，比如股票锁定期太长，绕开这些投行，很可能造成股票无人问津。

对一家公司来说，上市只是一种工具。当公司需要融资工具的时候，就根据自己的条件和偏好去挑选工具，也可以根据自身情况，做出不上市的选择，比如博世、乐高等。公司的核心目的，始终还是发展和赢利。